Au nom du père

Michèle-Christale
Gomila de Gopass

Au nom du père

ISBN : 979-10-377-7453-8

Du même auteur

- *Les bébés de Grisette*, 2015, Éditions Édilivre ;
- *Villeneuve, le roi, Michel et moi*, 2016, Éditions Ethen ;
- *Les contes de Mamiechou*, 2020, Éditions Édilivre ;
- *Dom, mon frère,* 2019, Éditions Ethen ;
- *Zones d'ombre*, 2020, Éditions Ethen.

À mon père, Charles Gomila

Préface

Ce livre raconte la vie. Quoiqu'il en coûte. Héritage du patrimoine vivant de l'être humain face à la guerre, le déracinement, les privations et son lot de souffrances qui s'ensuivent obligatoirement. Fuir son pays qui est le sien laisse un traumatisme sur plusieurs générations. Même si l'autre pays fait ce qu'il faut pour les recevoir le mieux possible.

Ce que je lis, ce que je ressens à travers les mots de cette histoire, c'est cet effort pour se fondre dans l'oubli d'un monde qui n'est plus, mais que l'on accepte par fatalité, abnégation d'une nouvelle vie que d'autres ont décidé pour eux. Mais face à tout ce désastre, il y a cette jeunesse, ces enfants qui cherchent leur identité et veulent comprendre.

Ce sujet est complètement d'actualité avec le processus qui est engagé sur la décolonisation.

C'est écrit avec subtilité, douceur et sanglots.

Il y a une profonde recherche fouillée et patiente sur la vérité pour la continuité d'un héritage familial si malmené.

Marie de Mazan, auteure

Prologue

Je voudrais qu'on rayât « politique » *du dictionnaire.*
André Salmon

Ce livre est basé sur des faits réels, seuls les prénoms des personnes encore vivantes ont été changés.

C'est un hommage à mon père, et à tous les hommes partis lors de la dernière guerre, en tant que S T O.

J'offre un récit à ma famille, pour adoucir leur chagrin causé par l'ignorance de la vérité cachée, découverte tant aux archives militaires, et autres, par les dires de mes cousins Marseillais, témoins de cette tranche de vie. À travers mon vécu avec cet homme d'amour, je retrace l'histoire de notre famille, décrivant la vie des jeunes filles enceintes en 1900, ainsi que celle des « Zouaves » bien méconnue !

Surtout, j'ouvre la face cachée de leur père et grand-père, à mes frères et neveux, afin qu'ils honorent, comme il se doit, la mémoire de leur ancêtre, et cessent de se cacher la vérité, de se conforter dans des non-dits, des mensonges. Sans pour autant juger cette petite jeune fille, devenue trop tôt la première femme de mon père, elle a vécu son adolescence à l'envers. Paix ait son âme.

Levez la tête, enfants ! Charles Gomila fut un homme d'honneur et nous laisse son intelligence et sa droiture. Béni soit-il.

Vous découvrirez trois sortes d'hommes dans ce livre :

- Les géniteurs, bassement emportés par le sexe.

- Les Hommes, qui ont fait preuve d'amour et d'éclats sur les fronts, et dans leur vie.

- Les Hommes, avec un grand H, qui vécurent les affres infligées par d'autres, dans l'ombre qui les a tués, les cachotteries aux enfants d'autrefois ont noirci ces gens qui ont fait des merveilles !

J'AIME MON PÈRE ET J'EN SUIS FIÈRE.

Nous sommes tous des pêcheurs, des humains, je ne juge pas, je constate sur faits avérés, je m'insurge sur les crachats qu'on a jetés à ces écorchés « pour nous ! » et je pleure mon Père, dont je suis fière, comme de ma grand-mère, et mon grand-père !

La déchéance ne vient pas d'eux, mais de ceux qui les ont humiliés, qui ont menti sur eux, parce qu'on a menti sur leur droiture, pour taire les immondices qui les ont détruits, en l'honneur de ceux qui en ont récolté : gloire, tranquillité, bienfaits, etc.

S
T
O
J'accuse !

C.M. Gomila de Gopass

Mon père portait un tatouage sur un bras : un seul et unique serpent, autour d'un poignard, ceux qui connaissent cette symbolique comprendront : un tel homme ne peut qu'être un homme de bien !

Cadeau à ceux qui l'ont dénigré sans le connaître !

Charles

Dans la cour, le soleil tape, il est douze heures quinze, sous les balcons qui entourent l'immeuble où il réside avec sa maman, car le père est encore parti en guerre.

Il est zouave !

Un garçonnet d'une dizaine d'années joue aux billes, la transpiration coule de ses cheveux, sur son visage, il veut gagner le gros calot ! Ses copains l'encouragent, il s'applique, lentement, il gagne ! Lève la tête et regarde sa maman au second, penchée sur lui, il lui sourit, elle le rappelle à l'ordre en italien, ses parents sont arrivés en Algérie, en passant par la France, il y a plusieurs générations déjà, mais ils ont continué à parler dans leur langue natale ! aussi, il entend :

« Charlot, monte manger ! » Il sait qu'Angèle a refoulé son impatience, afin qu'il joue sa partie jusqu'au bout avant de déjeuner ! Elle est une « Mamma » attentive et tendre, car seule avec son petit, l'aîné de ses fils, Édouard, est allé rejoindre une partie de la famille restée à Marseille, en clandestin, sur un bateau, son objectif : retrouver cet homme qui avait fait rêver cet enfant.

Né d'un père qui ne l'avait pas reconnu à la naissance, car il était l'enfant de l'amour interdit, entre Angèle et Jean qui s'étaient connus à Marseille, mais trop jeunes pour être mariés, racontait-on dans la famille, dans la communauté italienne, c'est pourquoi la jeune mère avait repris le bateau avec son petit Édouard, afin de retrouver ses parents en Algérie.

À cette époque, la mixité régnait dans les quartiers pieds-noirs, Italiens et Espagnols formaient famille ! C'est ainsi qu'Angèle, l'Italienne blonde aux yeux bleus, fut courtisée par Michel, ce beau militaire châtain, si gentil, qui l'épousa bien vite cette jolie maman célibataire ! dont il reconnut le petit, au mariage !

Ce bel enfant brun allait à l'école, puis courait dans les rues avec ses copains, se cachant dans la « casbah » lorsqu'il fut adolescent, son père géniteur, qu'on avait marié en France, revenait régulièrement à Alger, où ses frères avaient monté un cabaret « léger » : Le chat noir.

Charlot, dit Charles, attendait le retour de son père, sagement, car le métier premier de papa était boulanger, mais militaire avant tout !

Pendant ce temps, il était dorloté par une « Mamma », belle comme le jour, et qui trompait ses manques affectifs à travers son empathie, pour ses clients, elle était blanchisseuse et voyante, en gâtant son deuxième fils.

Un retour surprise

Lorsqu'un jour, Michel, son mari, réapparut, avec un gros pain dans les bras, en manches de chemise, la joie de cette famille réunie fut intense, au dîner, Charles ne détachait pas ses yeux de ce papa qu'il avait tant attendu ! Aussi prit-il peur, lorsque sa maman posa la question :

— Tu as démissionné de l'armée ?

Le couperet tomba, lourd et drôle, à la fois :

— Non, j'ai été libéré, car j'ai été pris lors de mon évasion !

— Mais tu as été pris ? demande maman.

— Oui, lorsque j'étais en train d'ouvrir la geôle de mon voisin de cellule !

— Et ?

— Et j'ai été jugé !

Je demande à prendre la parole : accordé. Et voici ce qui suit :

— Tu as eu peur des juges, papa ?

— Oui, un peu, mais ça a disparu quand on m'a questionné !

— Tu as dit quoi ?

— Que je suis un papa et un mari, alors qu'il fallait que je revienne pour vous protéger et retravailler pour maman et toi, c'est là qu'un juge m'a demandé pourquoi j'ai ouvert la porte de mon voisin de cellule ?

J'ai répondu que je l'aimais bien, mon Arabe d'infortune, donc je désirais l'emmener avec moi ! Je pense que ça a amusé et attendri tout le monde, car pas de sanction !

Maman et moi nous regardons par dessous, car ça ressemble tellement à papa, ce genre de drôle de réponse, et nous éclatons de rire !

— Et le juge t'a laissé partir comme ça ?

— Oui, et non, je suis « réserviste » !

— C'est quoi ?

— Si l'armée a besoin de moi, je suis rappelé et je dois repartir !

Charles et sa maman ont le cœur tout serré, mais papa les rasséréna, en disant :

— Hé, je suis là, soldats !

La vie de famille à Alger

La vie reprend, papa travaille, maman aussi, mais un peu moins, Charles va à l'école, joue et fais des bisous à ses parents sans cesse, car la peur le tenaille !

Jusqu'au jour, où, ses copains se bousculent en voyant Charles arriver, lui, ne comprend pas, il s'embrase vite, c'est donc avec des éclairs dans ses yeux noirs, normalement : verts ou noisettes, selon son humeur, que le garçon les interroge, pour apprendre, avec stupéfaction, qu'il y a un grand changement dans l'air, chez lui, en effet, tout le quartier du « champ de manœuvre » où il réside, ne parle que de ça !

Ses parents vont se marier !

Haaaaaaaaaaaaaaa, mais c'est pour ça que maman ne cesse de chanter des « canzones » du matin au soir !

Charles est perplexe, il a toujours pensé que des parents, c'est toujours marié, il réfléchit dans un coin de la cour de récréation, bon, papa n'était pas toujours là, depuis sa naissance, oui, mais il était militaire de carrière !

Néanmoins, une chose l'a toujours interrogé : parfois, les gens s'adressent à maman en l'appelant madame S., d'autres fois, madame G. ? Et lui, Charles a toujours été appelé S, comme ses grands-parents maternels !

Donc l'acte de mariage de ses parents, qui est dans le tiroir de la table de chevet de maman, c'est pas vrai ?

Bref ! Il va régler ça ce soir, en attendant, la tentation de jouer aux billes l'emporte sur la curiosité comme il a une taille de plus que ses copains, ils se poussent lorsqu'il se présente dans le jeu !

Le jour se passe, Charles est mal, il n'aime pas ne pas comprendre les évènements qui le concernent ni le mensonge, et là, il a l'impression qu'on lui a caché des choses !

La vérité

Charlot monte les marches quatre à quatre, et rentre dans l'appartement, là, maman admire quelque chose sur son lit, il s'approche comme un chat, et découvre… une belle robe d'un blanc immaculé, et un chapeau noir, immense ; à terre il y a une paire de chaussures blanches avec une petite patte sur le dessus, c'est une tenue de mariée ?

Non, les chaussures ont des petits talons, et maman ne peut marcher qu'avec des chaussures plates ! Ouf ! Pas de conversation difficile pour ce soir ! les copains lui ont fait une farce !

Maman se retourne et découvre son fils, en nage, les yeux écarquillés, elle se met entre Charlot et le lit, en disant : « Tu veux ton goûter, mon chéri ? »

Charlot fait non, de la tête, il n'a pas faim, trop secoué par sa journée ! Il redescend dans la cour, pour faire face aux gamins qui attendent les nouvelles, aussitôt, il leur exprime son écœurement, en disant qu'ils se comportent tous comme des bébés !

Alors, Robert le pousse en le traitant de « fillette ». « Tu n'as pas eu les couilles de parler à ta mère ! » s'ensuit une bagarre, d'où Charlot se tire honorablement, avec juste une ecchymose au menton.

Il remonte donc, car Angèle, qui a tout suivi, de son balcon, lui en intime l'ordre.

Il remonte donc à la maison où maman a préparé l'un des plats favoris de ses « hommes » ; l'osso-buco ! Papa est rentré et passé en catimini, près de son fils, Le fumet du plat est couvert par une odeur de fleurs, très entêtante, en effet, papa est revenu avec un monceau de bouquets bleu et blanc, garnis d'asparagus, maman les a mis dans ses grands baquets de bois, remplis d'eau froide, pour les conserver, aussitôt le cœur de Charlot bat la chamade !

Il devient blême et tombe sur le tapis, maman se rue sur son fils et le ranime en lui tapotant les tempes à l'eau froide, pendant que papa le revigore en frottant son plexus, poing fermé, à l'aide de ses phalanges, le tout conjugué, Charlot ouvre des yeux incrédules, papa lui pince la joue, et maman pleure de joie en le couvrant de baisers en dévidant un verbiage en italien, ce qui n'est pas de bon augure !

Papa l'assoit à table, avec un clin d'œil, le calme revient lorsque maman pose le plat sur la console, c'est à ce moment, qu'elle s'adresse à son fils : « Charles, demain, nous irons chez les frères Bianquis, tous les deux ! » quand maman l'appelle Charles, c'est important, ce qu'elle dit n'attend pas de commentaire !

Alors, il baisse la tête sur son assiette et acquiesce.

Après dîner, Charlot rôde autour des fleurs, maman regarde papa et dit :

« Demain, c'est la fête de l'Immaculée Conception, papa sait combien c'est important en Italie, le pape va porter des fleurs aux pieds de la statue de Notre-Dame, place d'Espagne à Rome… Des fleurs bleues et blanches, tu le sais, mon Grand ! »

Oui, Charlot le sait, mais il n'est pas convaincu, alors, il embrasse doucement ses parents et va au lit, après avoir brossé ses dents.

Toute la nuit, Charlot fait des cauchemars, il va, avec maman, acheter un costume chez les Bianquis, comme on dit, il ressort avec un costume trop grand et un nez rouge, ses copains sont là, et rient de son accoutrement, il saute, pour les faire taire en les cognant les uns contre les autres, il est en sueur lorsque sa mère, assise au bord de son lit, le réveille, un verre de lait froid à la main, il se blottit contre elle, quand elle passe sa main dans sa crinière crantée, c'est alors qu'il se décide à poser les questions qui brûlent ses lèvres et son cœur :

— Maman, papa et toi, vous êtes mariés ?

— Oui, quelle question !

— Les copains, ils sont fadas, ils disent que vous vous mariez bientôt !

— Et c'est pour ça que tu t'es battu hier ?

— Oui, papa et toi, vous ne mentez jamais, alors, je ne pouvais pas leur laisser dire de méchantes choses, sur vous !

Angèle
Révélations

Elle était aussi belle qu'une femme,
Aussi forte qu'un homme.

Louis XIII

Allez, allez ô gens de lettres
Couper le gui, rue Ravignan.

André Salmon

— Ce ne sont pas des choses « méchantes », c'est beau un mariage ! est-ce que ça valait un menton égratigné, et des disputes entre copains ?

— Oui, je ne permettrais jamais à personne de se mêler de notre vie ni te manquer de respect !

— C'est très chevaleresque, mon ange, je suis très touchée, mais nous ne méritons pas ton courage !

— Si, je suis votre fils !

— Oh, pour ça oui ! Ton sang bout comme celui de tes ancêtres !

— Ben oui, Italien et Espagnol, et fier de l'être !

Maman pleure d'émotion, puis :

— Tu es grand maintenant, il y a des choses que tu dois savoir, dit-elle, tendrement, et ce sont les yeux dans les yeux qu'Angèle confesse :

— Il y a bien des années, j'ai voulu connaître mes grands-parents paternels, et voir la France où a vécu mon père, alors, j'ai travaillé chez une dame, et quand j'ai eu assez d'argent, avec la bénédiction parentale, j'ai pris le bateau, pour Marseille.

L'arrivée fut magique, on peut se croire arriver à Alger, le port grouille de bateaux, de marins, de caisses, le soleil inonde la ville qui étincelle sur la mer, de très loin, blanche, en espaliers.

— En espaliers ? Ça veut dire quoi ?

— Comme de grands étages en escaliers, mon ange ! Comme ici !

— Et tu as eu peur sur le bateau ?

— Non, je suis arrivée toute bronzée, je passais mon temps à manger et à regarder la mer, il y avait aussi beaucoup de voyageurs, bien habillés, qui me posaient des questions, car je partais sans mes parents, je me suis fait une amie : Lisette, enfin, je pensais qu'elle serait sincère, je t'expliquerais ensuite !

La sincère amitié, dût-elle être importune, veut partager bonne ou mauvaise fortune.

Publius Syrus

Marseille

À l'approche du débarquement, on a vu du vieux port en premier, le fort Saint-Nicolas, construit par le chevalier Nicolas Cerville, sur les ordres du roi Louis XIV, qui se méfiait du caractère indépendant des Marseillais, sous la fronde ! (Ce qui fit rire mère et fils, complices !)

Je suis passée au travers des grèves, heureusement, sinon, je ne serais pas encore de retour ! surtout celle de mille neuf cent trois, qui a durée cinquante jours !

Panique dans le cœur de Charles dont les larmes se remettent à couler !

Maman rassure immédiatement : « Mais, c'est loin, je suis là ! » Et la maman, qui connaît bien son fils et son humour froid et mature, lui dit :

— Les journalistes de l'époque ont écrit : sur les docks, on y parle trop, pour y travailler beaucoup ! c'est vrai qu'à Marseille, on parle, mais pas que sur les docks ! Charles rit, et réplique : « Oui, même en Algérie, et surtout dans cette maison ! » en clignant de l'œil ; aussitôt Angèle réplique :

— Justement, jeune homme, sais-tu pourquoi les dockers se mirent en grève à Marseille ?

Intéressé, le « jeune homme » réplique :

— Non, pourquoi ?

— Il y avait trop de charges et moins d'argent, alors ils s'en sont pris aux patrons qui embauchaient la main-d'œuvre italienne, qui arrivait !

— Ha oui, ça, nous travaillons dur et sans rechigner ! répond Charles, très fier !

Angèle rit :

— Parce que tu travailles, toi, maintenant ?

— Oui, tous les jours, à l'école, et je fais ici, les courses, je fais mon lit je t'aide !

— C'est vrai, mon chéri ! Tu es un vrai Napolitain !

Une nuit tourmentée

Le petit matin, trouva mère et fils endormis, blottis l'un contre l'autre, tandis que le père rentrait, les bras chargés de cartons et d'un pain fleurant bon le fournil chaud. Il regarda ce tableau, attendri, puis, de sa voix chantante, le patriarche madrilène réveilla sa nichée, après avoir préparé un copieux petit-déjeuner.

Aussitôt debout, les dormeurs se disputèrent le lavabo, avec des rires complices, et ce sont les dents étincelantes, qu'ils s'installèrent à table, non sans avoir embrassé' l'époux et le père qui les avait surpris dans leur intimité, aussitôt le chef de famille dirigea ses troupes, il était tard, Angèle et son fils devaient aller faire les emplettes prévues la veille.

Prévues, oui, sauf que le petit ignorait ce qui se tramait !

Le repas ingurgité, nos retardataires vont, chacun leur tour, faire une grande toilette, devant la table creusée par papa, et où se trouvent encastrées deux cuvettes en faïence, achetées par maman, lorsque le broc d'eau tiède est vide, Charles et sa mère, brillants comme de l'argenterie, se glissent dans l'embrasure de la chambre parentale et regardent ébahis, Michel, qui se mire dans le miroir de l'armoire en souriant à son reflet. Il est beau comme un sou neuf, il porte un pantalon noir sur une chemise blanche, sur laquelle un petit gilet près du corps souligne sa sveltesse. Quelques minutes après, il sort raide et digne, dans la grande pièce, coiffé d'un hait de forme, une grande canne à la main, on dirait un roi !

Les deux complices se sont cachés derrière le lit, mais leurs rires les découvrent, alors, papa fait semblant d'être en colère et ses yeux noirs lancent des éclairs, alors d'une voix autoritaire, il ordonne :

— Allez, soldats, oust, dehors !

Complicité

Les deux compères se ruent sur la porte, endimanchés, une légère brise venant de la mer leur soulève des mèches de cheveux, il fait bon, le soleil est déjà chaud, ils descendent les escaliers extérieurs et se retrouvent rapidement dans la cour.

La rue est là, bleu et blanc, plus loin, les fleuristes soignent leur marchandise et les mettent en valeur, Charles attend sa maman au coin de la rue, il hume l'air du large et les senteurs de la pêche, en regardant la mer, au loin… au loin, il y a Marseille !

Angèle, arrive à sa hauteur en remontant sa jupe longue et en la nouant à la ceinture, en un gros nœud, elle a fière allure, malgré ses sandales plates, elle est assez grande et papa peut faire le tour de sa ceinture, avec ses deux mains ! Charlot est fier de ses parents, il reste là, les yeux dans le vague, Angèle n'aime pas voire son fils en cet état extatique, elle le ramène à la réalité en lui disant :

— Je te signale que nous sommes en retard, mon fils !

D'autorité, elle lui prend le bras et l'entraîne vers le magasin des frères Bianqui, en sautant par-dessus les flaques d'eau, jetées çà et là, par les commerçants et occupants de la rue, afin de laver et refroidir un peu leurs devantures.

Charlot bougonne :

— Y a pas le feu ! On peut se promener, c'est mardi, c'est les vacances !

— Ton père nous attend, allez, on prendra un peu de bon temps après nos achats !

Arrivés devant la boutique, le jeune garçon se pose encore la question : que vient-on acheter ?

Immédiatement, la porte s'ouvre, sur un homme gris de partout : les cheveux, la moustache, le costume, jusqu'aux chaussures ! C'est l'un des frères Bianqui, il se plie en deux devant les arrivants, en disant cérémonieusement :

— Ha, chère madame, nous vous attendions avec monsieur votre fils !

Angèle est confuse et rougit, mais, ce que voyant, un autre homme se précipite, avec un fauteuil et nous fait asseoir, en proposant un thé, que nous refusons, nous préférons le café au lait, chez nous, aussitôt, le patron gris, présente ce jeune homme ;

— Et voici la relève : mon fils Maurice ! Il a le métier dans le sang, jusqu'aux traits de notre visage ! Nous ne pouvons renier nos enfants, chère madame !

Aussitôt, Charlot prend la parole, pour occuper son ennui :

— Oui, moi je suis fier d'être l'enfant d'un Mahonnais et d'une Napolitaine, né ici, donc, Algérien !

Sur ce, la maman qui souriait tendrement réagit en reprenant son fil :

— Non, Carlito, tu es Algérois, et Français, parce que tu es né ici, mais, nous, tes parents sommes nés ailleurs, donc, l'Algérie était Française en mille neuf cent vingt, par conséquent, tu es Français issu d'Italie et Espagne, tu comprends ?

— Ben, c'est pas grave, on est tous frères ! mais je suis honoré d'être votre fils ! dit Charles en couvrant sa maman de baisers.

Le vendeur se tourne, gêné d'avoir provoqué tant d'émotions, alors, Charles s'adresse à lui :

— Mon père est militaire de carrière, il a donné toute sa jeunesse à la patrie, et maman a dû travailler et s'occuper de mon frère et moi toute seule, sa jeunesse, elle nous l'a offerte aussi ! alors, ma nationalité est autant d'un côté que de l'autre de la mer !

Le monsieur en gris essuie une larme et dit :

— Vous avez raison, vous êtes bien mature pour votre âge ! Aussi, je vais vous offrir vos chaussures, elles doivent être dignes d'une famille pied-noire comme la vôtre !

Il s'éloigne et revient avec des chaussures noires vernies, il les chausse au garçonnet, malheureusement, elles sont trop grandes, il n'a plus que celles-là ! Mais Charles en est bien content, il désire des chaussures qui lui serviront en toutes occasions, monsieur Blanqui fait un aller-retour, et ho, Miracle ; des chaussures noires en cuir, brillantes de cirage, habillent les pieds de Charles, ravi.

Puis le fils arrive avec un costume et une chemise blanche Charlot a un haut-le-corps, il a horreur d'être engoncé dans ses vêtements, sa maman le regarde avec des yeux suppliants, alors, il accepte de faire cet essayage, derrière un rideau… gris ! quand il en sort, Angèle a les yeux pleins de bonheur, ça lui suffit, pour tout accepter, à lui !

Ce que voyant, monsieur Bianqui revient avec deux nœuds papillon, là, ce n'est trop ! Le garçon refuse net, il ne veut pas ressembler aux clowns du cirque qui s'installe une fois l'an vers Belcourt !

Le fils revient, glisser quelques mots à son oreille, et leur client opine, c'est donc doté d'une superbe cravate bleu nuit, que Carlo fait le paon devant sa mère, en extase, puis, on s'occupe de la maman, le patron propose une voilette pour orner la capeline, déjà acquise chez lui, ainsi qu'une superbe ceinture de soie pour mettre en valeur la taille de guêpe de sa cliente, celle-ci n'est pas persuadée pour la voilette, aussi, tentateur, l'homme en gris lui fait entendre qu'une femme de sa classe peut fort bien agrémenter un chapeau noir, avec de la couleur, il a reçu la veille, une merveille du même bleu que les yeux d'Angèle !

Il installe lui-même l'accessoire sur les cheveux de Angèle, ce qui fait l'unanimité, tous s'accordent à s'extasier sur l'impact magique qui ne peut être ôté à la jeune femme, c'est donc ravis et encombrés de paquets que mère et fils repartent, joyeux, avec un tout petit paquet offert par Bianqui Junior ! (Pour papa.)

Le square Bresson

Bien, nous suivons ces deux-là, jusqu'à un square, en haut de la rue, près de la station de tramway, là où attendent des calèches de chevaux, au cas où il y aurait du retard ou un problème sur la toute nouvelle ligne de tram, ils font un détour sur le trottoir pour éviter un rassemblement dû à la danse folle de trois personnages d'Afrique noire qui dansent en tournant sur eux-mêmes, faisant cliqueter des castagnettes en ferraille, ils arrivent devant la monumentale porte du square, qu'ils ont longé, en suivant les lattes de bois qui le protège des passants.

Aussitôt, à l'intérieur, sous les beaux ficus, palmiers et, bambous, enrichis des vrilles d'oiseaux, assis sur un banc de bois accueillant, près du kiosque, où les Algérois dansent le soir, les paquets en bonne place, maman cligne de l'œil, en sortant quelques pièces, qu'elle met dans le creux de la main de son fils, il rit et dit :

— Froid ou chaud, et pourquoi pas les deux ?

Aussitôt, Charles part en riant vers la baraque de l'entrée, où il sait trouver une gentille vendeuse, et revient quelques instants après, les deux mains encombrées de choses enveloppées dans un papier. Il tend le premier à Angèle, qui, dépliant le tout avec des mines de chat, murmure :

— Attention, ne renversons rien sur les paquets !

Tous deux mangent élégamment, les gaufres sous une boule de glace. Le garçon regarde sa mère, en coin, heureux de ce bonheur partagé et interrogatif, en même temps.

La dernière bouchée avalée, il saute au cou de sa maman, en criant :

— Merci, ho, merci, maman !

Angèle le calme en l'embrassant d'un bisou sucré et saute sur l'occasion pour entamer la conversation qu'elle redoute, mais qui est indétournable !

Pérégrinations en France métropolitaine

— Bon, il est temps de terminer la conversation de cette nuit, tu es bientôt adolescent, maintenant, il faut que tu saches certaines choses sur notre famille, entame la jeune femme, avec un sourire tremblant.

— Ha, au sujet de ma nationalité ? demande Charlot, angoissé.

— Non, je pense que tu as compris mon explication, tout à l'heure ! Bon, elle a été un peu rapide pour te détailler les guerres, et les traités de pacifications !

En gros, depuis la nuit des temps, tout le monde veut un maximum de terres, de biens, d'honneurs, donc, la terre a toujours été en péril, par la bêtise des hommes régnants, la France, L'Allemagne, l'Angleterre, le Royaume-Uni, et tous prétendaient à leur droit héréditaire sur l'Italie et l'Espagne, comme entre eux-mêmes.

— Ha bon, la France avait des droits sur l'Espagne et l'Italie ?

— Oui, à cause des mariages royaux le sang ne s'est pas beaucoup mélangé ailleurs ! Ni les religions !

— Tu veux dire que la France a tué dans ton pays et celui de papa, pour obtenir vos terres ?

— Oui, mais ils n'y sont pas parvenus, ils étaient bien trop occupés à s'entretuer, ils ont tenté de se jouer des gens qui les servaient, en les achetant honorifiquement, à coup de médailles et de noblesse !

— Comme le Clauzel d'Algérie ?

— En effet, tu as compris ! Maréchal de France, par Louis Philippe, donc un roi, après le massacre de Louis XVI et son épouse, il a pourtant sauvé l'armée en Italie, par ses tactiques militaires.

Puis, on réinstaure l'empire avec Louis Napoléon Bonaparte (qui, entre nous, soit dit, a ses gênes en Italie), il cherche donc à s'attacher Clauzel pour ses qualités, il lui offre donc le grade de commandant en chef de l'armée d'Afrique, mais Bertrand se méfie, on lui a déjà joué ce jeu et mis au rencard à la fin de la guerre d'Espagne, où son pied fut détruit par une balle, donc, il ne se déplace pas pour obtenir son titre, qu'il obtient, bon gré, malgré !

— Hou la la, mais on ne nous explique pas ces choses, à l'école ! c'est pas bien joli tout ça ! je ne suis pas Français ! voilà !

— Hé bin, si ! mais, on s'égare et je ne t'ai encore pas expliqué ce que tu DOIS savoir !

Une vérité douloureuse

Comme je te l'ai dit, je suis allée à Marseille, lorsque j'ai été assez grande pour obtenir la bénédiction de mes parents, enfin, de maman, puisque papa était rentré en France, et était hospitalisé à Montpellier ! je voulais connaître ma grand-mère, car grand-père était décédé, donc, j'ai acheté un billet à la capitainerie du port, pour faire ce voyage.

La traversée dura vingt-quatre heures, ça me parut court, car un gentil couple s'occupa de moi, durant toute la traversée, ils avaient une fille de mon âge, ce qui les incita à me couver, je pense !

Lisette, leur fille, bien que plus âgée que moi, ne me quittait pas, on a joué aux osselets qu'elle avait pris à son frère (il les avait eus chez le boucher, les petits os des animaux faisaient la joie des enfants à cette époque) !

— C'est dégoûtant !

— Non, ils étaient brossés, nettoyés et on les peignait ensuite !

Ou bien on se racontait nos vies en regardant la mer, entre temps, on mangeait des casse-croûte, mot qui vient des anciens qui gardaient leur pain longtemps dans des panières, enveloppés d'un linge, pour qu'ils ne soient pas humides, donc, ils devaient en casser la croûte pour atteindre la mie et le manger, pour ça, ils avaient un outil appelé : « casse-croûte », puisque leurs dents ne pouvaient plus leur rendre ce service !

Moi j'avais acheté deux pains, j'en ai ôté la mie et j'ai rempli le trou de morceaux de mouton cuits, avant de remettre la calotte sur le pain, j'ai fait glisser le jus de cuisson à l'intérieur, pour que ça ne soit pas trop sec, voilà pour mes repas, sans oublier les oranges pour le dessert et mes gourdes en peau de bouc séchée, bondées d'eau potable, remplies au puits commun avant le départ.

— Au puits ?

— Quels puits, on n'a pas de puits chez nous !

— Maintenant, non, mais à l'époque, les propriétaires étaient obligés de récupérer les eaux de pluie dans des citernes, et d'en percer un en commun, dans chaque immeuble, car les aqueducs fonctionnaient mal, voir, s'écroulaient, usés, ils dataient de l'Empire ottoman qui avait établi un système hydraulique par les aqueducs, à la romaine.

Mais l'écoulement des eaux sous pression et mécanique était gêné par les terrains vallonnés, les eaux du sahel n'arrivaient pas, ou peu, aussi, lorsque les ingénieurs en hydrogéologie sont arrivés de France, ils ont tenté d'améliorer le fonctionnement des aqueducs et augmenter le débit, vainement, donc, ils ont installé et remis en état les conduites défectueuses, c'est comme ça que les puits ont disparu petit à petit.

Dans les maisons et les immeubles ! Ce fut une joie pour toute l'Algérie !

Voilà ce que tu n'as pas connu, et tant mieux ! Mais je m'égare !

Néanmoins, j'ai fait la traversée sur un paquebot à vapeur de monsieur Eugène Pereire, qui avait la direction de la CNM c'était pour les colis et dépêches postaux, vinrent ensuite, les transports pour voyageurs, car les premiers transporteurs étaient à voile, j'ai eu de la chance à quinze ans près, je suis arrivée plus vite !

À notre terme, j'ai dû me séparer de cette gentille famille, Éléonore allait me manquer !

— Éléonore ? Tu disais Lisette, interrogea Charles qui buvait les paroles de sa mère. Elle répondit ; c'est la même, on lui avait donné ce surnom étant petite. Bien, ceci dit, c'est avec de gros bisous que nous nous sommes quittés, ils devaient prendre la diligence pour monter à la gare, car ils habitaient dans l'Aisne : c'est dans le Nord. Lisette m'avait expliqué que ces parents avaient une entreprise familiale de tisseurs en face de la place de la ville de « Brancourt le

Grand », c'est pourquoi ils avaient pris des vacances au soleil de l'Algérie, son père avait prévu tout leur parcours, sauf la chaleur qui les avait incommodé, tant il y avait de différence entre Brancourt et Alger, même Marseille leur était pénible ! et tant de brouhaha autour d'eux, les fatiguait, car leur ville était en reconstruction, après la guerre qui avait sévi durement, chez eux, les gens étaient partis en masse, et revenaient lentement, ce qui n'empêchait pas ses parents d'être plus riches que nous, ici, ils avaient eu l'idée de cuire des poulets, donc, ils étaient rôtisseurs, en plus de leur commerce, ils m'avaient invité chez eux, mais je n'en avais guère envie, moi, les champs à perte de vue et la froidure, pas trop ! même les conversations avec eux, étaient ennuyeuses, et sérieuses, pas un rire, une blague, rien !

— Ha, oui, ce n'est pas toi, ça ! Ma maman, Rigoletto !

— Ne te moque pas, garnement ! sais-tu que Rigoletto, était un bouffon du duc, dans cet opéra dont tu parles ? Mais il s'enfonce dans la noirceur !

(Rires en suspend !)

Du coup, Charlot calme son hilarité naissante.

Bref, je leur ai donné l'adresse de grand-mère, par politesse, s'ils revenaient sur Marseille, ils furent contents, en effet, ils avaient des ouvriers, chers à leur cœur, qui s'étaient réfugiés là, à la guerre, et s'y étaient installés, lorsqu'ils furent partis, je me tournais vers le port, et je me mis à me renseigner, auprès des marchandes de poisson, pour savoir comment rejoindre la rue de la colline, dans l'arrondissement du huitième. C'était assez simple, car à l'époque, Marseille vivait autour du port, le reste, la banlieue était fort éloignée, ce qui ne me fit pas peur !

Je pris le temps de regarder l'arrivage des oranges : des caisses entières sortaient des cales, et moi, j'avais encore quelques oranges intactes dans mon petit baluchon ! C'était à mourir de rire ! Un peu plus loin, les femmes accroupies au-dessus de leur panier, lavaient le poisson à côté du raseur d'ânes, puis je m'en retournais, prête à me mettre en route, lorsque mon regard est tombé sur un personnage qui faisait de grands gestes en tenant la bride de sa maigre haridelle, lors de mes adieux à mes nouveaux amis, il était encore au même endroit et me regardait.

— Haridelle ! Maman, tu as pris des cours de français ? J'ai moins de vocabulaire que toi !

— Non, je lis beaucoup plus depuis que papa est revenu !

— Je suis très fier de toi, tu sais !

— Merci, mon fils, mais reprenons !

Jean

Donc, cet homme en question me fit signe de venir vers lui, comme il y avait du monde partout, j'y suis allée.

Là, il me dit : « Bonjour petite, veux-tu que je t'accompagne quelque part ? »

Je pris mon air le plus distingué, pour répondre : « Je ne vous ai rien demandé ! »

Et là, j'entends : « Be, te soro, pensi di essere une principessa ? Che personaggio di maiale ! »

Je l'ai regardé bien en face et lui ai répondu : « Oui, je suis une princesse, et vous, je ne vous connais pas ! »

Sur ce, il me répondit :

— Les amis de mes amis, sont mes amis, je n'ai pas voulu te froisser ! je voulais t'aider, je t'ai vu embrasser une famille que je connais fort bien, puisque j'ai travaillé pour eux, chez eux, c'est comme ma famille !

— En ce cas, pardon, je vous ai pris pour un joli cœur, je ne supporte pas qu'on me manque de respect !

— C'est tout à ton honneur ! bon, alors, tu vas où ?

— Dans le huitième arrondissement !

— Bienvenue dans notre cité phocéenne ! à pied, tu en as pour une très bonne heure, alors, je t'emmène ?

— Maman, tu étais à Marseille ou tu étais dans cette citée, fossée et un ?

— Marseille est la cité phocéenne ! et devant les yeux de son fils écarquillés, Angèle expliqua :

On appelle encore la ville comme ça, car depuis l'an six-cent avant Jésus-Christ, des Grecs sont arrivés par la mer, pour fuir l'occupation et les persécutions des Perses. Ils s'y arrêtèrent, car la calanque ressemblait à leur ville, ils s'y installèrent si bien que le chef de clan des Marseillais épousa l'une d'entre eux, elle fut nommée Phocéa, donc, ça resta ainsi.

— Quelle belle histoire !

— En effet, donc, cet homme m'aida à monter sur sa pauvre bête efflanquée, mais bien propre, il parla tout le long de la route, qui, en effet, fut très longue, ce qui me permit d'apprendre à connaître Jean.

Il m'expliqua qu'il était né et avait vécu à Brancourt, où il avait travaillé en tant que tisseur, ils disent tissier dans l'Aisne, car leurs familles tissaient de père en fils, ils étaient partis à cause de la guerre, leur ville a été dévastée, d'ailleurs, ils ont deux clochers, puisque les habitants ont reconstruit une église ! il a laissé ses parents derrière lui, mais il n'a jamais oublié sa famille de sang italien, et sa famille de cœur, parents de Lisette.

Les routes étaient bosselées, mais la conversation agréable, ainsi, ça ne me parut pas très long ! on s'est arrêté deux fois pour nous abreuver tous trois, Jean connaissait des sources, nous avons bu dans nos mains, en conque, puis, environ une heure plus tard, nous étions amis, c'est alors que j'aperçus grand-mère, petite silhouette toute de noir vêtue, comme les Napolitaines, la main en visière sur ses sourcils. Elle attendait ma venue, juchée sur la terrasse de la maison se découpant sur le bleu du ciel.

Mon cœur fit un bond, j'étais si contente de la connaître, mais quitter Jean m'attristait, curieusement !

Je suppose qu'il en était de même pour lui, car il me dit, dans un souffle, à l'arrivée de notre adresse : « Te voilà rendue, jeune fille, j'espère te revoir bientôt ? »

Nonna Luisa

Je n'ai pas eu le temps de répondre, Nonna était dans mes bras, en pleurs, me couvrant de baisers, de questions, elle me poussait à l'intérieur de la maison, que j'aimais déjà !

Je me retournais, Jean attendait en m'observant, Nonna sentit mon regard, et le remercia de s'être occupé de moi, l'invitant à venir prendre un café s'il passait par ici, ce qu'il accepta en faisant faire demi-tour à son animal, il me fit un au revoir de la main, je ne le revis qu'un mois plus tard au cimetière Saint-Pierre, où nous allions régulièrement, nous recueillir sur la tombe de Nonno Luiggi, à ma première visite, j'ai été saisie, très impressionnée par l'immense et merveilleuse porte, et surtout par les tombes, de véritables chefs-d'œuvre, des sculptures somptueuses faisaient rêver, surtout une tombe m'attirait, la sculpture représentait le mari de la défunte, embrassant tendrement sa femme, j'ai su que cette œuvre s'appelait : le dernier baiser créé par un Italien, monsieur Buselli. Je pleurais toujours devant cette tombe, il y en avait d'autres :

Une tombe de famille, notamment la famille Roux, on voyait les tombeaux sur un autel, encastrés dans une chapelle porte en ogive, ouverte, gardée par un militaire à gauche et un ecclésiastique à droite, cette chapelle était ornée d'une dentelle de pierre, et bien d'autres encore ! Celle qui me plaisait le moins était un buste d'homme rustaud, rude, monsieur Jean Bouin, mais après avoir marché des heures, nous nous arrêtions sur la terrasse qui surplombait la rade de Marseille !

Entourées de pinède, écoutant le gazouillis des oiseaux, nous reprenions des forces, sous le soleil.

— Raconte-moi, la maison ! demande Charlot, qui sent mon émotion !

— Notre petite maison avec des marches qui menaient à un patio, couvert d'une avancée en rotonde, celle-là même était une première terrasse, qui enveloppait l'entrée, car nous étions en plein vent, au-dessus de la mer, les embruns devaient éclabousser, les jours de tempête, mais nous étions à l'abri, comme dans un nid, calfeutrés. On rentrait par une porte basse, couleur lavande, immédiatement, nous accueillait la cuisine, au centre se trouvait une table en bois plein avec un tiroir à pain, deux bancs flanquaient cette table. À sa gauche, une immense cheminée avec de beaux chenets devant, et une crémaillère à tige en ferronnerie dentelée soutenant une marmite en fonte à trois pieds.

Sur le linteau des pots à tabac trônaient de vieux chromos, ces images de couleur créées en impression sur la pierre, parlant de la mer, bien sûr !

Un soufflet au cuir décoré, accroché au mur, en dessous, était dans l'âtre, un siège en bois travaillé, avec un petit coffre sous le siège, où Nonna aimait à se reposer en regardant les flammes danser.

Au coin gauche, un rangement étroit et haut (une encoignure) appelé « gantouiero » dont la traverse inférieure il était surmonté d'un ajout triangulaire.

Ses portes cintrées étaient ajourées et moulurées, le tout peint d'entrelacs représentant des sirènes dans les algues et les branches de verdure, c'était un travail parfait et délicat, qui me laissait rêveuse !

À gauche il y avait une enfilade d'armoires et juste à l'entrée, se trouvait une porte étroite, donnant sur la « souillarde », là nous lavions la vaisselle.

Un objet me serrait le cœur : la paterne où se trouvait encore la casquette, une veste jaune, cirée avec une salopette du même tissu et de la même couleur, les vêtements de Nonno ! avec son petit bonnet de laine noire ça me rendait triste, je ne le connaîtrais jamais !

Enfin, suite à la cheminée, était le « mastro » ou pétrin, cette auge à forme trapézoïdale où nous préparions le pain était fermée par une fermeture amovible et reposait sur ses quatre pieds, devant lesquels se trouvait un gros anneau encastré dans une tommette hexagonale, brune, qui servait à soulever une trappe pour accéder à la cave.

À côté se trouvait le « paniero » aux parois ajourées, pour la ventilation, afin de conserver notre travail, nous y entreposions le pain entre les fournées hebdomadaires, posé sur un bahut bas dans lequel on rangeait la vaisselle. Juste au coin, avant la porte, il y avait un « tamisadou » (un petit moulin à bluter, qui séparait le son de la farine), au-dessus duquel étaient posées des mesures à grains et, sous le tamis, d'autres tamis ronds séparaient les déchets fins, de la farine.

Au fond de la pièce se trouvait un lit encaissé dans une alcôve fermée par un rideau beige à fond rouge ; là où dormait Nonna depuis le décès de Nonno et la porte de l'escalier intérieur était à côté.

Des niches, de-ci, de-là, exposaient des objets de décoration ou de la vaisselle. Sinon, près du siège de Nonna, était le « potager ».

— Le potager, dans la cuisine ? Charlot était intrigué !

— Oui, ainsi était nommée la cuisinière, en Provence, on y faisait mijoter la soupe, les ragoûts c'étaient un ami maçon qui l'avait construite. Il avait trois petites ouvertures en ogive pour recevoir les cendres du foyer, et ça chauffait la surface supérieure par dessous, était rangé un tonnelet à vin, pour les invités, dans cet endroit. Voilà pour le bas, le reste vient après.

— Tu racontes bien, je m'y voyais ! Et ça s'appelle comment ce paradis ?

— C'était le quartier de la « pointe rouge », nous y allions souvent à ce petit port, qui était une adorable calanque, avec ses cabanons blancs et bleus, qui se reflétaient dans les eaux transparentes, Nonna me disait que lorsque mon Grand Père était en mer, elle passait son temps sur le bord de cette calanque, ou bien sur la terrasse où donnait ma chambre, elle scrutait la mer, en tremblant pour son mari, elle priait La « Bonne Mère », c'est la Sainte Vierge, mère des pêcheurs, à Marseille. En fait, il y avait deux terrasses « l'une au-dessus de l'autre », la seconde en retrait de la première où se trouvait la chambre de mes grands-parents, mais, Nonna n'y dormait plus, depuis le décès de Nono ! elle dormait dans le lit de cuisine, près de la porte d'entrée, cette pièce meublée par la, dote de Nonna.

Nous allions souvent au marché, très tôt, car il était assez éloigné de la maison, et nous y allions à pied, j'aimais ces promenades obligatoires, les vallons, le ciel bleu et la mer, le babillage complice entre femmes me faisait penser à Alger, une fois par semaine, nous arrivions sur une place remplie d'étales, de rires, de vendeurs qui nous hélaient, au passage.

— Ils n'étaient pas par terre, les marchands ?

— Non, ils étaient derrière leur étal couvert de marchandise : légumes, fruits, fromages, et, bien sûr, poissons, charcuterie, les olives, les épices de toutes les couleurs chaudes, du jaune au brun, en passant par le rouge, ça sentait bon !

Nous rentrions fourbues, ces jours-là, nous faisions une petite sieste, avant d'arroser nos petits plants, sans oublier notre figuier, derrière la maison, et le palmier dans le jardin, lorsque le soleil descendait, afin que l'eau ne soit évaporée par la chaleur avec l'aqua tirée du puits.

Les Goudes, notre village

Néanmoins, ça ne nous empêchait pas d'aller à la messe de huit heures la semaine, et à onze heures, le dimanche, à trente minutes de la maison, dans la chapelle de Saint-Lucien en bordure de route, proche des calanques, toute petite, toute blanche, avec sa porte en bois à deux battants, en façade, son immense rosace, et sa cloche juste au-dessus, on aurait dit une petite église mexicaine, comme sur l'image dans mon livre.

J'aimais le silence et la fraîcheur, à l'intérieur, peinte à la chaux blanche, immaculée, une croix simple derrière l'autel, de petites alcôves remplies de santons, des deux côtés, la Sainte Vierge, statufiée à droite comme à gauche avec l'Enfant Jésus, dans ses bras, près de l'autel, au sol, à genoux, elle faisait face à Saint-Joseph, un genou à terre, en prière, séparés par un bouquet de fleurs. Quand on le pouvait, on prenait place sur le banc de bois, tout près de cette représentation familiale, si pieuse, si tendre, que les larmes montaient à mes yeux, chaque fois.

Ému, Charlot étreint sa maman, tendrement, mais elle se reprend, et explique, pour gagner un peu de temps :

La provenance des santons, les premiers santonniers les créèrent en mie de pain écrasée puis cuite, c'est Jean-Louis Lagnel qui les modela en terre cuite, peinte, pour la messe de minuit, après que des comédiens représentèrent les crèches vivantes sur les parvis des églises lors de la révolution, puisqu'il fut interdit d'ouvrir les églises :

— Comme a dit Charlotte Corday : *Tous ces hommes qui devaient nous donner la liberté l'ont assassinée !*

— Qu'est-ce qu'elle vient faire dans l'histoire des santons, dis-moi ?

— Ben, moi, je suis ton histoire, je parle de la révolution et ce qui suit le décès du Roi !

— Ho là là ! Tu vas trop à l'école toi ! Tu es plus intelligent que moi !

— Ne dis pas ça, maman, si je comprends bien mes cours, c'est que tu t'occupes de mes devoirs !

Donc, après quoi vinrent les santons, en mille-sept-cent-quatre-vingt, mais… la concurrence arriva par les « santibellis » en plâtre d'Italie, cent ans après, fabriqués par les Italiens, dans les rues vers le vieux port de Marseille !

— Je parie qu'ils étaient Napolitains !

— Hé oui, mon fils, c'est évident !

Et le nom du quartier de notre famille ?

— Les Goudes à l'extrémité de la rade de Marseille, le nom vient du provençal goudo, puis coda, donc bout de la queue de la ville !

C'est un petit village, un bout du monde phocéen, un petit village de pêcheurs, tout proche des calanques et nous allions souvent, avec Nonna, tout au bout, là se trouvait le calvaire de la baie des singes, pour prier à la tombée de la nuit, autour de la croix, à terre, il y avait des bougies allumées dans des cataphores, toutes représentaient une prière, nous ne manquions pas d'en mettre une pour le repos de l'âme de Nono !

Le nom de ce lieu vient des contrebandiers d'autrefois, qui demandaient aux enfants de se taire comme les singes sur ce qu'ils avaient vu.

Puis on rentrait, les yeux pleins d'étoiles qui brillaient sur la mer plane, entourées des collines de roches blanches, çà et là piquetées d'arbres un peu brûlés par le soleil, et les touffes de plantes grasses ou d'herbes folles : la garrigue, où je courais quand la famille me manquait, pour admirer l'île Maïre si virginale, et si proche, que l'on aurait pu toucher du doigt avec son sémaphore au sommet, du sentier des douaniers, exhumant les arômes des herbes de Provence : thym, romarin, origan, sarriette, ces plantes poussaient, d'un beau vert bouteille, ou bronze, ou argenté, à même la roche nue et glabre, comme des touffes de poils sur un squelette énorme de dinosaure, mi-enfoui, mi-dégagé de terre.

Le tout comme dans un panier sentant l'olive et la lavande, sur un chant de cigales et de grillons, c'était magique !

Alphonse Moutte

D'ailleurs, j'ai fait la connaissance d'un peintre qui posait souvent son chevalet par là, il s'appelait Alphonse Moutte.

— Ha ha, encore un homme à qui tu as fait perdre la tête !

— Ne dis pas de bêtises, il était bien plus âgé que moi, il était marié, et sérieux. Je te parle de lui, par ce que je l'ai vu finir sa toile intitulée : « Les Goudes ».

— C'était joli ?

— Oui, c'était une scène au pastel, qui représentait sur le bord du port des calanques, une barque verte qui séparait trois femmes, d'un marin qui admirait un poisson entre ses mains, l'une des femmes jouait avec un chien les deux autres regardaient la mer.

Dansaient : deux barques au large, ce tableau était reposant avec le paysage qui entourait la crique, un pic rocheux et des collines rondes se reflétaient dans l'eau, ainsi que les cabanons.

Alphonse, qui faisait partie des peintres naturalistes, m'avait expliqué cette nouvelle tendance, ça me passionnait !

— Dis donc, c'est la peinture ou le peintre qui te passionnait ? rit Charlot.

— Garnement, suis donc ma leçon, après, tu parleras ! répondit Angèle, étonnée que son fils se soit retenu de la taquiner avant !

Douce Provence

Sache que le mouvement naturaliste vit jour après le réalisme, car ce dernier représentait plutôt la religion, les scènes historiques, maintenant, ce mouvement prit pour inspiration, le peuple, le monde paysan et ouvrier, la nature, il a été motivé par la photographie, la médecine, les sciences exactes, la vie sociale, en ne négligeant pas l'impressionnisme, que tu aimes tant !

— Ha oui, j'ai adoré les tableaux, au musée, l'été dernier ! Donc, si je comprends bien, ton Alphonse faisait de la politique avec ses peintures ?

— Ho, là là, j'aurais dû me taire ! Oui et non, je n'y avais pas pensé, tu as raison !

— Bon, tu ne t'amusais jamais ?

— Rarement, tout m'émerveillait, j'avais un immense terrain de jeux ainsi, jusqu'au jour où Jean vint prendre de mes nouvelles, Nonna lui offrit un café qu'il avala d'un trait, pour se donner du courage.

— Du courage ?

— Oui, il venait demander à ma grand-mère la permission de m'emmener au' Château des Fleurs' le samedi suivant.

— Nonna accepta à condition qu'il se comporte en gentilhomme, et me ramène saine et sauve.

— Il jura tout ce qu'elle voulut, et repartit sur un au revoir joyeux, et un clin d'œil pour moi.

Le Château des Fleurs

Toute la semaine, Nonna alla chez ses amies lavandières, jusqu'au jeudi où elle revint rose comme une pivoine.

— Pourquoi ? demanda Charles, intrigué.

— Quand une fille devait sortir sur son trente et un, mais sans en avoir les moyens, elle empruntait sa tenue, en la rendant vite et impeccable, souvent chez les lavandières !

— Ha, c'est rusé !

— Oui, mais pas méchant ! Certes : incorrect ! Mais ça se faisait couramment à l'époque.

Donc, c'est une « jeune fille » du grand monde qui prit le bras de Jean, le mardi matin, cesse de gigoter ! Je te décris mes atours, une jupe noire en crêpe de chine, un chemisier blanc brodé de cygnes argentés, une ombrelle et des gants blancs, et Nonna avait relevé mes boucles blondes avec deux peignes en écaille, Jean avait emprunté un costume noir, une chemise blanche, un nœud papillon et des gants beiges, ses boucles noires étaient raidies sous un canotier de paille, ceinturé de brun, nous étions si beaux que grand-mère versa une larme en m'embrassant !

Nous sommes partis en riant à chaque personne que nous croisions, car nous étions dévisagés et regardés de pied en cap. Nous marchions d'un bon pas, malgré nos belles chaussures luisantes étriquées, enfin, nous approchions de l'énorme entrée, les grilles immenses étaient ouvertes de chaque côté, flanquées de deux piliers soutenant chacun une branche d'arbre, au bout desquelles, un globe contenant une lampe tempête chaque pilier se terminait par une enseigne en métal, sur laquelle étaient gravés des demies rosaces imbriquées l'une dans l'autre sans attention, on aurait pu penser à des lettres chinoises, entre les deux était glissée une pancarte sur laquelle était inscrit en lettres capitales :

LE CHÂTEAU DES FLEURS

Nuit blanche

Une foule de tous âges se pressait vers les gardes du lieu, raides comme des piquets, ils donnaient les tickets d'entrée en échange de cinquante centimes de franc par personne, j'avais mis quelques sous dans ma petite bourse en velours noir, espérant avoir assez pour rentrer, Jean me soulagea à ce sujet, en me laissant passer devant lui, serrant la main à l'un des hommes de garde, qu'il me présenta comme l'un de ses amis, ancien commis de son frère, c'est ainsi que je me retrouvais à marcher à son bras, dans une allée sans fin, qui servait de départ aux courses de chevaux, en fin de semaine nous avons atterri au milieu d'une place où se trouvaient une cinquantaine d'attractions diverses, après une heure où nous avons profité de tous ces stands de jeux, Jean me poussa vers une baraque où il acheta des chichis et des frites, que nous avons engloutis sur un banc, sous les arbres, au calme de l'entrée, puis, il me proposa d'aller nous désaltérer au bar, je me sentais gauche parce que je n'avais pas de chapeau, comme la majorité des femmes, mon cavalier me rassura en disant que l'or de mes cheveux valait, à ses yeux, bien plus que tous les chapeaux du monde. Il commanda deux cafés « stretto », alors, je réalisais que de la musique jouait, tout près.

Comme il se faisait tard, Jean m'entraîna vers le lac et eut une barque de suite, il ramait lorsque nous sommes arrivés juste au milieu. Le ciel s'illumina en un feu d'artifice de toute beauté, se reflétant sur les eaux entourées déjà, par les effets des lumières électriques en provenance des statues, et des murs d'enceinte, c'était magique !

Jean nous ramena sur la berge, pour m'entraîner vers la musique qui nous parvenait de l'un des salons du château.

Le château

D'un plafond orné de peintures célestes, tombaient des lustres où la lumière jouait sur les facettes biseautées des pampilles en forme de larmes de cristal, un orchestre jouait des valses, des polkas, des mazurkas, des marches, quelques alcôves ici et là, entre des piliers enrubannés de tissu rouge, cachaient des danseurs qui se désaltéraient en riant, ou bien des amoureux qui s'isolaient de la foule sur le côté façade, la salle se prolongeait en terrasse.

Afin de pouvoir obtenir un nouvel accord de sortie, je priais Jean de rentrer après avoir dansé une valse qui l'amena à me faire baisser les yeux, subjuguée par son regard langoureux. Il me raccompagna de suite à la maison où Nonna nous attendait, figure de proue, sur la terrasse. Contente de notre sérieux, elle nous en félicita, après avoir écouté le récit de notre sortie.

Ce fut ainsi que nous eûmes la permission de nous promener ensemble, parfois.

Un froid mortel

Nonna, nous expliqua sa journée, très éprouvante, en effet, dès que nous avons tourné le coin de la rue, les voisines affluèrent à notre porte, un poulailler se réunit autour de notre cafetière, les questions fusaient, la première était

— Quel est donc le nom de ta petite fille ?

— Angèle !

— Oui, et son nouveau nom ?

— Elle n'a pas pris le voile, c'est toujours Angèle, s'énerva Nonna.

Mais l'une d'elles, plus curieuse que les autres, ajouta :

— Oui, mais son nom de femme ?

— Elle ne s'est pas mariée, elle n'a pas changé, s'entendit-elle répliquer, de ce fait, toutes s'évaporèrent en caquetant, laissant Nonna, tordue de rire.

Devant nous, Jean devint blême, il rétorqua :

— J'avais peur de ces commérages, je ne veux pas entacher votre famille, à propos, j'avais pensé vous demander la main d'Angèle, malgré notre différence d'âge.

— Hé bien, pour moi, c'est oui, si Angèle le veut, dit Nonna.

Mon cœur se mit à battre plus vite, cinq minutes plus tard, je m'évanouis sur le sol !

— Pourquoi ? dit Charlot, les yeux ronds.

— Jean rajouta : c'est un grand honneur, malgré mon amour pour Angèle, c'est impossible, je suis veuf depuis le décès de ma première femme, morte en couche, il y a peu de temps, on ne pourrait pas passer à l'église, puisque j'y suis uni une première fois !

— Pendant que je revenais à moi, grâce aux soins conjugués de mes deux amours, du moment, j'entendis :

— Mes condoléances, mais puisque tu as de bons sentiments, voyons si la future épouse accepte cette demande !

Ébahie par ces dernières conversations, la tête me tournait, je demandais à m'allonger avant de donner ma réponse. Je fus aidée à monter l'escalier par Jean, et Nonna me mit au lit.

Je dormais, lorsque six heures du soir sonnaient à l'horloge, je ne bougeais pas, de peur que ce que j'avais vécu depuis la veille, ne s'écroule, j'écoutais la voix de Nonna qui priait et celle de Jean qui lui faisait écho, alors j'ouvris les yeux, rassurée.

Tous deux se mirent à genoux, Nonna pour remercier Notre Dame, Jean, pour me demander en épousailles.

J'embrassais l'une et répondais : « Oui » à Jean qui se mit à me dévorer la main de baisers.

— Ha, du coup tu as eu deux maris ? Demande Charlot, les yeux ronds.

— Un peu de patience, mon fils, non, il n'y a eu qu'un mari dans ma vie !

Le temps des fiançailles

Sur ce, je me lève doucement, et me retrouve, rougissante dans les bras de Jean, je regarde Nonna, elle nous contemple, une larme perle de ses yeux, nous avons sa bénédiction !

Je me dégage doucement, et vais enlacer ma grand-mère entre mes bras, je la berce, comme un enfant en la remerciant.

Se sentant un peu exclus, mon « fiancé » glisse :

— Pour clore une si belle journée, je propose une promenade au parc Borely ?

Nonna refuse, exténuée par sa nuit à nous attendre, puis les émotions de ces fiançailles-surprises, elle nous demande de dîner ensemble, puis de partir tous les deux. C'est donc heureusement surpris que nous partions, bras dessus, bras dessous fiers comme Artaban, devant les Goudois éberlués, puis nous empruntons les bords de plage de la calanque, que nous longeons jusqu'au Prado, que nous quittons, pour nous diriger vers le parc encore ouvert à cette heure estivale, je reconnais la statue du « David de Michel Ange », découverte en arrivant à Marseille, à quelques pas se trouve l'entrée monumentale du parc Borely, comme au parc des fleurs, nous empruntons une allée bordée de palmiers superbes pour…

Charles interrompt sa mère en disant :

— Maman, tu me promènes dans Marseille, depuis longtemps, tu veux me dire quoi, au juste ?

— Je te raconte mon histoire en détail, pour trois raisons, réplique Angèle, aussitôt.

— Oui, dis-moi !

— Premièrement, il faut que tu connaisses le berceau de tes ancêtres maternels, secundo, pour que tu te conduises toujours en gentleman, quand tu seras un adulte, troisièmement, je dois moi-même te raconter, ce que d'autres personnes t'expliqueront, lorsque je ne serais pas là, peut être !

— Maman, quoi que tu aies fait, je n'ai pas à te juger, ni personne d'ailleurs ! tu es un ange, et tu le resteras toujours pour moi !

— Tu es gentil, mon Carlo, mais il n'y a pas que les enfants qui font des bêtises, tu sais, les adultes aussi, parfois !

— Bon, je vois que tu es têtue, comme moi, alors, continue la promenade !

Le parc Borely

C'est donc gênée, mais obstinée, qu'Angèle continue sa narration…

Donc, l'allée était superbe, elle aboutissait devant le château, en fait la plus imposante et belle bastide de la ville, désirée par Louis Borely, un riche négociant, en mille-sept-cent-soixante-sept.

J'ai été éblouie par l'incroyable jardin à la française s'étalant à l'infini, mais surtout, j'étais impressionnée par le plan d'eau, au pied de la bâtisse, là où ; de chaque côté, deux griffons éjectaient des jets d'eau ; sur lequel un groupe statuaire immaculé règne, de toute beauté, ça représente trois femmes dans un bateau et porte le nom de : « la France protège la réunion de la mer Rouge et de la Méditerranée », sculpté par Pierre Travaux qui le finit en mille-huit-cent-soixante-quatre, en fait, la femme aux ailes déployées sur la proue tourne son regard vers la mer rouge, allégorie de la coiffe pharaonique se détachant sur un fond de pyramide. Elle étend sa protection sur le canal de Suez, qui apparaît de cette façon comme un aboutissement heureux de la campagne d'Égypte au grand Bonaparte.

— Hum, c'est sûrement beau, mais, pour moi, Bonaparte n'était pas si grand que ça, en plus, à cause de ses rêves de grandeur, il a fait tuer des milliers de gens, pour ne rien gagner en plus !

— Ha, je me demandais à quel moment, mon fils allait s'insurger !

— Hé puis, on est en troisième république, alors, tu vois, l'empereur, peu me chaut, comme dit mon instituteur !

— Bref, ce jardin était encore animé par des promeneurs, à pied, en rosalie, des amoureux de la nature, Jean me guidait dans les allées, et je me suis retrouvée devant un étang, entouré de grottes creusées dans la pierre, de leur sommet, tombaient des plantes d'eau et des mousses de tous les tons de vert, entremêlés, puis, il m'entraîna vers un jardin japonais absolument charmant.

Le Japon à Marseille

Jean me fit fermer les yeux, pour une surprise, alors que je pus les réouvrir, je me trouvais devant un jardin inconnu de ceux que nous voyons en France : j'avais voyagé dans l'espace jusqu'en Asie ! une entrée plantée d'arbres, entourée de bambou (sérénité), nous accueillit, puis une cour où les lueurs célestes irradiaient l'ombre calme d'une colline en jouant à travers les branches des érables, des pins, de toutes les plantes alentour : anémones, nénuphars, des hostas, ou lys plantation, les candidats ou fleurs de thé, j'apprenais leur nom en écoutant Jean, passionné de botanique, certains arbustes nous cachaient de la foule, comme les camélias, les azalées, les cognassiers, le tout couvrait un lac, puis une colline, que nous avons escaladée en riant pour découvrir un spectacle grandiose, inattendu : une rivière bruyante, issue d'une cascade de pierre.

Ce jardin est inimaginable, il est créé selon des codes très précis nés au Japon, retraçant la nature idéale et la limite des artifices humains. L'eau y est reine, selon la culture et la vie nipponne, représentant la pureté, dans tous les jardins zen, sous forme de cascades, de jarres à nymphéas, vasques, ou de jardins secs, par des tracés ans le sable, les pierres et rochers sont très importants, car ils sont considérés comme les habitats des esprits !

— Tiens, tiens ! émit Charles malicieusement !

— Oui, justement, c'est à cet endroit que nous avons entamé notre première dispute !

— Raconte !

— J'ai voulu faire une offrande, dans ce lieu, pour l'âme de la femme défunte de Jean, il devint tout rouge, et m'obligea à me relever, car, disait-il, c'étaient des fadaises !

— Alors, je lui expliquais la médiumnité des femmes de la famille, et le rituel respectueux aux défunts, ça ne lui plut pas, il me dit même qu'il préférait rester célibataire, plutôt que d'épouser une sorcière !

— Il n'aurait jamais dû dire ça !

— En effet, je tournais les talons, en rage, et désorientée, je courrais vers des lumières au loin, les yeux pleins de larmes, je m'engageais sur le joli pont arqué, rouge, représentant le passage entre le monde matériel et le spirituel, lorsque Jean me rattrapa, je le repoussais et lui affirmais que je resterais celle que j'ai toujours été : médium et pratiquante en religion catholique, comme toutes les femmes de notre famille, sur ce, il mit un genou à terre, et en pleurant, il me demanda pardon, comme je lui demandai pourquoi cette réaction exécrable, il dit, en un murmure :

— Lisette !

— Lisette, qui Lisette ? Celle du bateau ?

— Oui, Lisette !

— Elle vient faire quoi dans cette histoire ? Tu deviens fou ?

À ce moment, il m'expliqua qu'elle lui avait été confiée par ses parents, lors de leur déroute de « Brancourt le Grand », que les obus décimaient, ils sont donc restés sous le même toit, et ce qui doit arriver entre un homme et une femme arriva !

— Je suis un homme de parole, dit Jean, donc, je l'ai épousée quand elle est tombée enceinte !

— Et là, tu me demandes en mariage ? Je hurlais de colère, tu me prends pour une oie ?

— Non, calme-toi, elle veut repartir parce qu'elle ne supporte pas la chaleur ici ! On a décidé de divorcer, je vais redevenir libre, c'est pour ça que j'ai inventé l'attente du veuvage, j'avais peur d'un refus ! Je t'aime trop pour te perdre !

Il me fit tant de peine, que je lui pardonnais son mensonge, car je savais qu'il disait vrai, au sujet du Code civil de mille neuf cent cinq, puisque nous le vivions, il n'y avait pas obligation de sacrement sur le régime concordataire au mariage, si le curé de la paroisse consignait sur registre il n'y avait pas obligation de sacrement en cas de volonté d'union, en effet, les curés, en ce cas, étaient administrateurs du culte catholique, édit de mille-sept-cent-quatre-vingt-sept, donc, après divorce, nous pouvions obtenir le sacrement du mariage, hors, comme dit Jean :

— Deux descendants de Napolitains ne pouvaient être unis sans sacrement !

Du coup, on a traversé le pont main dans la main pour parvenir à un pavillon de thé en forme de pagode, il fermait, mais accepta de nous servir un thé avec la cérémonie traditionnelle, lorsqu'ils apprirent que nous fêtions nos fiançailles. C'était très agréable, on nous soigna aux petits oignons, il y eut juste un petit froid quand je demandais du lait pour mettre dans ma tasse, rien de grave, je bus le thé nature, d'un seul coup, puis nous avons fait le chemin à l'envers, c'est sur le pont japonais que Jean m'enveloppa de ses bras, quand je regardais les poissons rouges, qui évoluaient tranquilles et énormes.

Nous sommes repartis vers les plages deux minutes après ce moment de tendresse.

Retour à la maison

Arrivés à la plage, je retirais mes chaussures pour affronter le sable, c'est à ce moment que mon tout nouveau fiancé me prit par la taille, pour me soulever et me faire passer par-dessus le parapet de pierres, mais il ne me lâcha pas avant de m'avoir embrassé. Me voyant embarrassée, il me dit : « Nous allons nous marier, tu rougis, tes joues sont comme deux pommes mûries au soleil, je n'ai pas su retenir mon désir devant une Napolitaine coiffée d'or, pas comme les Phocéennes ni les Italiennes que j'ai croisées, noir corbeau ! Tu es belle et je t'aime, je te respecte, tu peux garder la tête haute, mon Angesse ! »

L'angesse n'en menait pas large ! son premier baiser la tourmentait ! Surtout : qu'allait-il se passer sur la plage, elle était bien déterminée à ne plus rien donner à son amoureux !

C'est en silence qu'il lui prit la main et l'aida à avancer sans se tordre les pieds, jusqu'au moment où ils arrivèrent aux Goudes, là Jean fit faire le tour des cabanons en hauteur à sa princesse, mais je me méfiais lorsqu'il poussa une porte qui s'ouvrit toute seule !

Il n'avait pas cessé de chanter des chansons d'amour tout le long de notre avancée :

La java bleue, ha c'qu'on s'aimait, là il chantait « fascination » de Dante Pilade Harchetti cette valse lente que j'adorais !

— Ben, tiens ! Italiano ! rit Charles.

— Laisse-moi terminer, c'est déjà pas facile !

À ce moment, mon fiancé me tira à l'intérieur du cabanon en disant :

— Ferme les yeux, tu les ouvres quand je te le dirai !

J'obéis, là il me dit : « Je vais te promener dans ce cabanon, tu vas deviner où tu es ! ». Le jeu devint agréable, il m'arrêta, je me trouvais devant une fenêtre qui donnait sur une rue, plus bas, je ne comprenais pas, Jean se mit devant mes yeux écarquillés :

— Tu vois, c'est là où est la maison de ta grand-mère, à une minute d'ici ! Referme les yeux !

Puis, je les ai rouverts devant un meuble muni de deux roues en fer de chaque côté, pour le déplacer, il y avait, dessus, une petite, tôle ondulée je ne comprenais pas tout de suite, quand mon « futur » m'expliqua que cela serait transporté sur la rambarde, devant la cabane, pour y cuire des poissons, sans empester la demeure, il appelait ça, un grill, moi, je m'extasiais en trouvant ce meuble ingénieux, après qu'il m'eut montré une cache creuse, garnie de plaques de fer par protection sous le grill, pour y mettre le charbon. Remarquant mes questionnements, j'eus droit à : « Ce cabanon appartient à un ami qui m'a proposé de me le louer, qu'en dis-tu ? »

— Tu vas venir habiter ici ?

— Avec toi, oui, si tu acceptes, on sera près de Luisa, en cas de besoin, et près de la mer, que nous aimons tous les deux !

— Et tu fais quoi de Lisette dans cette histoire ? Tu nous joues « pavillon de femmes » de Pearl Buck ?

— Elle doit rentrer à Brancourt lundi prochain, je voulais te faire la surprise, Princesse !

Sur ces mots, il me porte dans ses bras, chantant une valse lente, et je me retrouve sur un lit, près de la fenêtre, Jean me couvrant de baisers fous, il m'écrasait, je criais en le repoussant, mais je perdais mes forces, et un tourbillon nous emporta tous les deux vers une intimité, où je perdis ma virginité, mais, je ne t'en raconte pas plus, ce n'est pas correct de ma part !

— Ho, tu sais, je vois très bien ce qui s'est passé, papa m'a expliqué.

Vie de femme à Marseille

— Comment ? Un cours d'éducation de couple, de papa ?

— Oui, j'ai posé des questions quand le fils de madame Papalardi est allé la voir, il a amené sa petite chienne, et le chien de sa mère est venu devant notre porte, avec Poupette, les deux chiens faisaient tellement de bruit, je suis sorti, je pensais qu'ils se bagarraient, alors j'ai appelé papa, quand il est sorti, il s'est mis à rire et il m'a expliqué que Dick tentait de s'accoupler avec Poupette, et qu'il fallait les séparer, sinon, ils auraient fait des petits, puis il m'a dit que pour les humains c'est pareil, sauf que la gestation est de deux mois environ pour les chiens et neuf, chez les humains, mais Poupette est trop jeune pour supporter un accouplement, elle n'a pas un an !

— Ha oui, tu en sais même plus que moi, sur la « gestation » comme tu le dis si bien ! C'est bien que papa t'ait pris en main à ce sujet, moi, j'aurais été gênée ! Mon grand garçon, déjà, le temps passe vite !

— Bon, alors, il t'a épousée après, ce Jean ? Il est mort ? Dis-moi !

— Il m'a accompagné chez nous, je suis monté immédiatement dans ma chambre, pour me coucher et cacher ma honte.

Au matin, Nonna me regarda bizarrement, mais ne dit rien. La vie reprit son traintrain, hormis Jean qui venait régulièrement, et qui, parfois, m'entraînait dans « notre maison » pour un câlin. Tout se passait bien, jusqu'au jour où Nonna me posa LA question :

— Angèle, as-tu encore tes règles ?

Je n'y avais pas prêté attention, aussi, je lui dis oui !

Je commençais à m'inquiéter quand je m'évanouissais presque chaque jour, Nonna m'emmena chez le docteur des Goudois.

La foudre

Il me reçut seule, me posa plein de questions, pour finir par m'ausculter. Quand il eut fini, il m'annonça, avec un sourire, que j'étais enceinte ! La terre me tombait sur la tête ! Que dire à Nonna, que faire ? Je n'eus pas à réfléchir longtemps, car le docteur, en me raccompagnant, félicita Nonna pour le futur bébé, de ce fait, Nonna tomba évanouie, le docteur, contrit, la ranima, et nous parla un peu, pour dédramatiser l'évènement, mais je m'en voulais d'avoir succombé dans mon amour, et j'avais peur pour ma grand-mère, ainsi qu'à la réaction de Jean et de mes parents, lorsqu'ils sauraient, aussi, je pleurais toutes les larmes de mon corps, Nonna, émue, me parla tout le long du chemin, et pour me rassurer, elle me dit que nous allions parler avec Jean, qu'il était le seul fautif, au pire, s'il n'assumait pas cette grossesse, elle m'aiderait à « faire passer » cette grossesse !

À l'approche de notre demeure, j'aperçus Jean sur nos escaliers, quand il nous vit arriver, il blêmit, et posa de suite des questions sur notre santé. Je pleurais de plus belle, il me prit contre lui, et là Nonna l'apostropha :

— Tu as eu ma petite-fille vierge, alors, maintenant qu'elle attend ton enfant, tu vas assumer ?

— Oui, je vais l'épouser et en faire ma femme, elle restera digne et vous aussi, je suis heureux de cette nouvelle ! Merci, mon Angesse, ne pleure plus, je tiendrais ma parole, dit-il en essuyant mes larmes.

— Tes belles paroles, c'est pour nous amadouer, mais ce n'est pas aux vieux singes qu'on apprend à faire la grimace, attention à toi ! Tu connais la vendetta ! ça te pend au bout du nez !

À ces mots, je m'abattais sur Jean, qui m'aida à monter les marches jusqu'à l'entrée que Nonna barrait de ses bras en croix, alors, il me glissa à l'oreille :

— Je passerais tous les jours, le matin, et j'irais t'attendre dans notre cabanon ! En effet, chaque matin, vers huit heures, j'entendais des petits cailloux lancés sur mes volets, rebondissant sur ma petite terrasse, je regardais par l'interstice de ma fenêtre entrebâillée, mon amoureux passer, mais je ne le rejoignais pas.

La faute

Cette heure était difficile pour moi, au réveil, les vertiges précédant des nausées, Nonna ne me grondais plus, elle m'expliquait que c'était normal, au début d'une grossesse, c'était le prix à payer pour avoir fauté !

Parfois, je descendais le petit escalier de pierre, qui menait à la calanque, et retrouvais Jean, j'avais besoin de son amour, espérant, chaque fois, qu'il allait m'annoncer que Lisette était partie, mais le temps devenant plus frais en arrivant aux fêtes de Noël, elle remettait sans cesse son retour à Brancourt ! Et moi je grossissais, mais les désagréments avaient cessé, néanmoins, Nonna me poussait souvent pour aller voire une femme, connue aux Goudes, pour délivrer les femmes des grossesses non désirées, moi, je n'étais pas pour cette pratique, le petit commençait à bouger en moi, et je l'aimais déjà : il était un peu de moi et du premier homme que j'aimais ! de plus, j'estimais que j'aurais commis un meurtre aux yeux de la religion !

Çà n'empêchait pas Nonna de mettre dans mon assiette de l'ergot de seigle, qui me provoquait des spasmes intestinaux, des diarrhées, et plus, mais, le petit continuait à bouger en moi, j'étais contente, c'était magique, un don de Dieu ! Au début, elle m'a offert une corde à sauter, voyant que bébé s'accrochait, elle m'a conduit chez une faiseuse d'ange qui m'a massé le ventre, si fort, que j'en ai eu des bleus partout !

— Bon, si je comprends bien, j'ai un grand frère ou sœur, à Marseille ! dit Charles d'une petite voix.

— Attends la fin de l'histoire ! dit tendrement Angèle.

— Elle les faisait comment les anges, la dame ?

— Hé bien justement, on les appelle comme ça, car en retirant la vie à ces bébés dont les femmes ne voulaient pas, leur âme repart au ciel, donc, ils redeviennent des anges, tu comprends ?

— Oui, elles tuent les bébés avant leur naissance, et leur âme retournent au paradis, puisqu'ils n'ont pas eu le temps de faire le mal ! c'est beau, mais c'est triste !

— C'est pour ça que je voulais cet enfant !

— Bon, alors, il est où ?

— Au ciel, avec mon nono !

— Mais puisque tu le voulais, qu'est-ce qui lui est arrivé ?

La conception

— Je suis allée à l'hôpital avec Jean, peu de temps avant mon accouchement, pour être protégée de tous ces dangers prévus ou imprévus par Nonna et son entourage, là, rue Saint-Pierre, on est passé par les admissions derrière une grande porte à colonnes où, un ami de Jean chercha un lit pour moi en clinique obstétricale, me faisant passer pour une cousine, il trouva dix lits, parmi les deux-cent-vingt-huit existants, c'est ainsi que je terminais ma grossesse au premier étage, donnant sur la cour centrale, plantée de platanes devant les bancs de bois, les gardiens jouaient aux boules avec les patients remis debout, je regardais les parties acharnées du petit balcon près de mon lit, le soir, je sortais la tête de ma porte-fenêtre en arceau, pour prendre l'air, car l'ambiance était lourde dans cette chambre de vingt femmes avec leur bébé, ça tenait plus du dortoir, que de la chambre !

Pas comme monsieur Jean Nicolas Arthur Rimbaud, le poète, qui a été opéré en cet hôpital au service chirurgie à cause de son genou, il fut amputé, on a dit qu'il est décédé d'un cancer généralisé.

Mais a priori, l'infection s'est généralisée, et il en est mort le trente novembre mille-huit-cent-quatre-vingt-onze, mais, lui, avait pris une chambre seule, qui donnait sur une autre cour que la mienne, dans le quartier des officiers, il payait pour ce service environ six francs par jour, c'est ce que nous a raconté un des gardiens, quand on est sorties, ma copine de lit et moi, nous promener sous les arcades, un soir où les petits pleuraient en chœur, monsieur Jules qui était très cultivé, nous a récité beaucoup de poèmes, celui que je préférais, et retenu c'est le dormeur du val.

— Je connais ! Je te le récite ?
— Ho, oui, tu me fais un beau cadeau, mon chéri !

C'est un trou de verdure où chante une rivière
Accrochant follement aux herbes des haillons
D'argent ; où le soleil, de la montagne fière,
luit : c'est un petit val qui mousse de rayons.

Un soldat jeune, bouche ouverte, tête nue,
Et la nuque baignant dans le frais cresson bleu,
Dort ; il est étendu dans l'herbe sous la nue,
pâle dans son lit vert où la lumière pleut.

Les pieds dans les glaïeuls, il dort. Souriant comme
sourirait un enfant malade, il fait un somme :
Nature, berce-le chaudement : il a froid.

Les parfums ne font pas frissonner sa narine ;
Il dort dans le soleil, la main sur sa poitrine
Tranquille. Il a deux trous rouges au côté droit.
Arthur Rimbaud, *Le Dormeur du val*, octobre 1870

Et Angèle reprit la parole pour déclamer un autre poème :

Rêve pour l'hiver

L'hiver nous irons dans un petit wagon rose
Avec des coussins bleus, nous serons bienvenues
Un nid de baisers fous repose dans chaque coin moelleux
Tu fermeras l'œil pour ne point voir par la glace,
Grimacer les ombres du soir, ces monstruosités hargneuses
De démons noirs et loups noirs
Puis tu te sentiras la joue égratignée
Un petit baiser, comme une folle araignée

Te courra par le cou
Et tu me diras : cherche ! en inclinant la tête
Et nous prendrons du temps à trouver cette bête
Qui voyage beaucoup.

Louis

Celui-ci me tient à cœur, juste pendant que je l'entendais, j'ai eu très mal au ventre, le travail commençait, il devint vite tellement insoutenable, que ma copine m'aida à monter dans notre chambrée, là, les filles appelèrent madame Barbe la sage-femme de garde, car le professeur Vayssiere était parti, elle m'ausculta aussitôt rentrée dans la pièce, elle demanda des brancardiers, et on me mit sur la table d'accouchement dans une grande salle blanche, j'avais froid, on m'avait juste couverte d'un drap, j'avais peur et mal, Madame était très professionnelle, mais gentille, au bout de dix heures, le professeur rentra, il avait été prévenu par une infirmière, il prit les choses en main, j'étais gênée, mais soulagée, car il avait une très bonne réputation à la « Conception », plus détendue, l'accouchement se termina trois heures après, aidée par madame qui appuyait en haut de mon ventre quand une contraction arrivait, pour faire descendre l'enfant plus facilement.

— Ha, je savais bien que j'ai un frère à Marseille ! Il s'appelle comment ?

— Il a eu le prénom de nono : Louis, mais, il est décédé vingt-quatre jours après, il a été très bien soigné, dans le service du professeur Poucel, qui comprenait soixante-six places, il y eut une exception pour Louis, qui était en berceau, car j'avais accouché d'un enfant cardiaque, ceci, du aux massages de la faiseuse d'ange, ainsi que de mes repas concoctés avec de l'ergot de seigle, ils n'ont pas pu le sauver ! Des ruisselets coulaient des yeux d'Angèle, essuyés par Charles, tendrement, qui se reprit le premier et dit d'un ton docte :

— Allez, on rentre, papa nous attend, tu te maries aujourd'hui !

— Justement, je devais te raconter ma jeunesse, car tu vas devenir officiellement, le fils de ton père et tu dois pouvoir garder la tête haute, si on te raconte des mensonges, et je n'ai pas fini !

— Maman, je te donne cinq minutes, je n'ai rien à savoir d'autre, j'ai compris, tu étais une jeune fille, qui a aimé un homme, qui a profité de ta naïveté, tu es une dame aujourd'hui, droite, propre, travailleuse, tu es ma maman et j'en suis fier, cette histoire est une leçon pour moi, je n'agirais jamais comme ça, plus tard ! Merci, maman !

Sur ce, mère et fils refont le chemin à l'envers, mais s'arrêtent au café de la bourse, prêt de la ligne de tramway, là, ils commandent une noisette et une grenadine, puis se précipitent dans la salle d'eau, où ils se tamponnent le visage à l'eau froide, surtout les paupières, une fois, après avoir repris une apparence normale, ils se dépêchent d'avaler leur consommation, et repartent bras dessus, bras dessous.

Huit décembre mille-neuf-cent-trente-et-un

En arrivant, à deux rues de la maison, on entend des youyous de femmes, signe de joie et de félicitations, papa est déjà sur nous, écartant les bras pour nous recevoir :

— Mais où étiez-vous ? J'étais inquiet ! émit-il, en nous embrassant.

— En courses, tu te rappelles ? répondit son fils, clignant de l'œil à sa mère.

— Il y a un autre mariage ici ?

— Non, pourquoi ? répondit Michel, surpris.

— Les youyous !

Mais ils arrivaient au quatre-vingt-onze, et voyaient dépasser des têtes au-dessus des grilles de l'immeuble.

Un coup de sifflet arrête tout le monde, les chants cessent, les voisins perchés sur des escabeaux en descendent, reste Suzanne, la voisine, une décoration à la main, qui tient mieux à son poste, tant elle est enrobée des loukoums qu'elle ingurgite, ce qui la rend douce comme le miel !

C'est elle qui, finissant d'accrocher sa guirlande faite de fleurs en papier crépon et de verdure, redonna le départ aux chants, applaudissements, sifflets des hommes et youyous des femmes entrecoupés de chants, des étoiles dorées ornaient nos balcons, le bonheur refleurissait dans notre doux hiver, maman rosissait, papa nous embrassait, vite, nous dévalons les escaliers, car une « surprise » nous attend devant le portail : un taxi, un vrai ! Avec des pneus, des sièges en faux cuir, un chauffeur en tenue « avec casquette ! »

Maman est écarlate de bonheur, papa glisse à son oreille :

« Pour ma reine de ce jour et de toujours ! »

Charlot regarde le chemin par la vitre ouverte, il a hâte d'arriver au cent-vingt, rue Porte Neuve, il aime la mairie, au pied de la casbah, cette maison où l'on arrive par une allée de galets, devant une grande marche et parvis, une petite porte voûtée, le tout est très élégant, inséré dans ce dédale d'escaliers où la vie grouille, c'est un lieu magique, ancienne résidence d'un marquis de Terraus, puis de négociants, dont monsieur Sedille, à qui le gouvernement verse mille-cinq-cents francs de location, par an, pour le mobilier. À l'intérieur, tout y est resté dans son jus oriental, des sculptures dentelées, niches et entrelacs de couloirs, aux tableaux d'époque byzantine, la famille ose à peine avancer !

L'adjoint au maire, vient les chercher, alors, ils entrent dans une très belle et immense pièce, où trône un bureau empire, Monsieur le Maire Charles Branthomes, est debout, derrière le meuble, il salue les arrivants avec un grand sourire, puis les fait asseoir sur trois fauteuils damassés or, après avoir cité les articles du code du mariage, il entend le consentement du couple enfin, il ajoute que Angèle et Michel reconnaissent Charlot, pour leur fils légitime, et annonce leur union officielle, enfin il demande l'échange des alliances, Charlot attendait ce moment, car, c'est lui qui les détient, il remet la jolie boîte à son père, qui la lui avait confiée, puis il donne l'autorisation au marié d'embrasser son épouse, ce qui fait rougir le couple, et rire leur fils !

Après quoi, le maire prend congé, en saluant tout le monde et en présentant ses félicitations à madame, puis à messieurs Gomila père et fils au nom de la loi, ce qui enorgueillit le trio, c'est donc droite, fière et heureuse que la nouvelle famille prit congé.

Papa, qui avait dépensé sa prime militaire, installa sa nichée dans le taxi, qui attendait sagement, casquette à la main, et reconduisit ses clients à leur domicile, là où les attendait une foule bienveillante de voisins, de copains d'armes de papa, et des clients d'Angèle, leur gentille lavandière et voyante-conseillère.

Maurice a installé son gramophone sur une table, à l'ombre de l'immeuble, aussitôt Charlot prend possession de la place et s'occupe des disques, il est le centre de l'attention il raconte l'histoire des débuts de l'instrument, en effet, il a appris que les premiers sont inventés en mille neuf cent sept, en Algérie, par Edmond Nathan Yafil, et que les premiers disques proviennent du pays aussi ! il est heureux et fait danser ses parents sur une merveilleuse valse lente nommée « amoureuse » très en vogue, puis enchaîne le tango des étoiles et un paso doble très prisé également ; origines paternelles obligent !

Les deux clapets de l'engin sont ouverts, pour que le son soit plus fort, de temps à autre, Maurice tourne la manivelle, afin que le plateau bouge à une allure correcte pour les disques, il remarque que Charlot suit ses instructions, et change la pointe du bras tubulaire, environ toutes les six chansons, soit, tous les trois disques, pour ne pas les rayer. Il fait chaud, la voisine du dessus a fait une citronnade maison, qu'elle fait couler dans une pyramide de verres, comme pour les fontaines à champagne, mais personne ne boit d'alcool parmi nous ! Charlot en abandonna le gramophone, tout en tournant son pavillon, en forme de corolle de belle-de-nuit, fragile, vers le mur. Et tous se ruèrent vers la table, où la mariée déposait déjà un plateau de gâteaux, tandis que le boucher du coin apportait une montagne de poulets grillés, des assiettes en carton avec des serviettes en papier furent distribuées, et chacun se servit après s'être lavé les mains à l'eau de la pompe, à droite dans la cour.

À l'écart, un petit groupe d'amis boivent en se cachant, ils ont amené du champagne et du vin, alors que la majorité des amis ne touchent pas à l'alcool, aussi, vers seize heures, ces gens rient très fort, et se bousculent, ce qui fait froncer les sourcils du marié, qui, revenant de leur coin, réunit son épouse, son fils et quelques amis proches, leur demandant d'aller chercher un maillot de bain et des serviettes de plage, chez eux, en catimini, il a peur que la journée se termine en bagarre !

Angèle se fait prier, elle n'a pas envie de se mettre en maillot de bain, elle se trouve laide, son mari la rassure en lui disant avec sincérité ;

— Tu seras la plus belle des naïades, ma dame !

Enfin, elle capitule, pour deux raisons, profiter de ce moment, pour terminer son histoire, auprès de son fils et se rafraîchir.

Bébert arrive le premier, avec sa charrette, tirée par un âne, décidée, aussitôt, la jeune mariée saute dedans, à côté de son fils, tandis que Michel les rejoint.

Environ dix petits kilomètres nous amènent à la petite forêt de Bainem, l'odeur des eucalyptus et de la lavande persiste, malgré le mois hivernal, une fois contournée la plage Guyotville s'étire blonde et blanche, alanguie sous le soleil timide.

Nous repartons vers le lac de Réghaia, pour faire plaisir aux jeunes mariés, qui y ont un souvenir tendre, a priori, puis enfin, la plage, magnifique, la mer est calme, l'eau transparente reflète la superbe digue faite de rochers immaculés.

Chacun, s'isole pour ôter ses vêtements de fête, et ne garder que le maillot de bain noir pour tous, sauf pour Charles, encore jeune, il a droit à des rayures blanches et bleues.

Pour les hommes, les maillots ressemblent à des slips trop grands, remarque le malicieux Charles, quant aux dames, c'est joli, on dirait des côtes de travail coupées en short, le haut sans manche, est décolleté jusqu'à la naissance de la poitrine, en carré ou en rond, c'est gracieux, mais sans doute pas très aisé pour nager ! le temps était calme, malgré tout, les hommes scrutaient l'horizon, bleu azur, se souvenant des histoires contées par les anciens, au sujet des terribles tempêtes des années mille cinq cent, qui décidèrent l'émir Khair-El-Din, dit Barberouse, qui fit construire une première jetée reliant l'îlot Perón au pied de la casbah, où l'on éleva un genre de forteresse, afin d'isoler la darse, trop étroite pour les navires, il envisageât de bâtir un port en eau profonde, car la houle et le vent engendraient le terrible « ressac » dans le port, les chalutiers en place, allaient s'amarrer pour s'abriter au quai de la pêcherie.

Angèle et son fils nidifiés au creux d'un rocher, reprenaient leur conciliabule du matin, le garçon n'y tenait guère, mais ne voulait pas gâcher la bonne volonté de sa mère, ni lui assombrir son mariage, car il savait que cela la rongerait tant qu'elle se tairait.

Jean, le retour

La jeune épousée reprit ainsi sa confession :

Après avoir enseveli ton frère aîné près de Nonno, je retournais aux Goudes, accompagnée de Nonna, nous marchions telles deux centenaires, soutenant notre chagrin, et fatigue ; l'une, l'autre ; pleurant toutes les larmes de notre corps ;

Arrivées à la maison, je jurais à Nonna de ne plus recommencer, j'étais sincère, j'ai payé si cher mes moments d'abandon avec mon pseudo-fiancé !

Un voisin, Simon, ex-copain de mon Grand Père, marin, nageur aguerri, pris de pitié envers nous, il passait souvent pour nous donner du poisson.

Un jour, il me proposa d'aller nager à la calanque de Callelongue, tout près des Goudes, j'avais scrupule à laisser Nonna seule, mais elle me poussa à accepter, me voyant dépérir, suite à la mort de mon bébé, l'absence de Jean, son absentéisme et son manque de paroles me mettaient en rage, aussi, le lendemain, Simon, le pêcheur, sitôt arrivé, m'emmena un peu plus loin que les Goudes, vers les calanques de Mounine et Marseilleveyre ; veyre qui veut dire vieux, ancien selon l'archéologue monsieur Gilles Marseilho ; plus torturées que notre Goudes, aussitôt, Simon m'invita à plonger avec lui, car la chaleur montait rapidement, c'est avec joie que je rentrais dans cette onde transparente, après une heure, je ressortais fraîche, mais fourbue, ainsi, je m'endormis dès notre retour.

Ce rituel se répéta chaque jour, Simon me rappelait mon père, on s'entendait bien, je reprenais goût à la vie, Nonna aussi, le printemps était là, l'air était léger, tout était beau,

Mai aux Goudes

La vie refleurissait, jusqu'au jour où une poignée de cailloux me réveilla, mon cœur bondit de colère : comment Jean pouvait-il oser revenir après cet innommable abandon et manquement à ses paroles ?

La rage me précipita dehors, je courrais au cabanon, là je trouvais un homme abattu, dévasté par les larmes. Je regardais décontenancée le spectacle de mon amoureux hoqueter dans nos oreillers, son visage dévasté de pleurs, interdites, j'allais repartir lorsqu'il se leva d'un bond, me retint au creux de ses bras, il se mit à genoux, hurlant des excuses à n'en plus finir, je me débattais de toutes mes forces, au moment où je lui échappais, il réussit à m'allonger sur le lit, se jetant sur moi, il me regarda droit dans les yeux et me supplia de rester, car il avait, disait-il, tout prévu pour notre mariage, le lendemain, comme il lisait l'incrédulité sur mon visage, il me glissa un anneau d'or au doigt, je fléchissais, et le laissais me prendre pour femme.

Après quoi, il m'expliqua que Lisette, pressée de se marier, avait fait enregistrer le leur par un prêtre, ce qui était légal au début, ne l'était plus par les temps qui courraient, il fallait repasser par l'administration municipale, donc, ce mariage était caduc ! Ce qui nous permettait de nous unir officiellement, bon, moi, je n'y comprenais pas grand-chose à tout ça, ce que je retenais c'est qu'on allait enfin se marier ! Des détails ? Je n'avais pas de robe de mariée. Bof, il m'en apporterait une demain matin ! Devais je fournir des papiers d'identité ?

— Non, on le ferait dans la semaine, le préposé était un ami de ses frères !

— Où mettre les invités ?

— Bof, il aviserait ça tantôt avec ses copains !

— Et Nonna ?

— Bof, elle serait contente de la nouvelle, et on la prendrait comme témoin, pour l'honorer ! Bref, il avait réponse à tout.

Le grand saint Antoine

Une heure plus tard, je rentrais à la maison, excitée et angoissée.

— Angoissée ? Pourquoi ? demanda Charles.

— J'avais un mauvais pressentiment, tu me connais ! répliqua Angèle, Jean devait venir mettre Nonna au courant pour le lendemain, elle m'attendait sur le pas de la porte, son visage angoissé me serra le cœur, vite, je la rassurais, en lui montrant mes mains pleines de crevettes, offertes par Jean, qui avait tout prévu !

Les heures passèrent lentes, inexorables, traîtresses, Simon arriva, et je me laissais entraîner jusqu'à Callelongue, où il m'entraînait à la plongée profonde depuis ces derniers mois. Une fois en maillot de bain, il me regarda et dit :

— C'est pour aujourd'hui ! Il n'entendit pas mon :

— C'est quoi ? Il avait déjà plongé !

Comme je ne le suivais pas, il revint me chercher, me disant : « Pourquoi ne me suis tu pas ? Tu as peur ? »

— Non, je n'ai pas compris ce qui est pour aujourd'hui !

— Le grand jour des profondeurs, tu es prête désormais, un cadeau t'attend dans les abysses !

Cadeau ! Mot magique ! Je plongeais aussitôt ! Suivant Simon, qui, un petit temps après, me fit signe de regarder plus bas, ce que je distinguais était du domaine onirique, une fiction : un navire reposait sur les fonds blancs et noirs, noirs, car il portait les marques d'un incendie. Quand on est remonté, Simon dut m'expliquer l'histoire de ce navire, il s'appelait le « Grand Saint Antoine » ce grand voilier partit en Syrie le vingt-deux janvier mille-neuf-cent-dix-neuf, son retour le trois avril mille sept cent vingt repartit à Chypre pour obtenir une patente de santé, car sept matelots et un médecin turc, ainsi que le chirurgien de bord ont contracté la peste et embarqué à Livourne, en Italie puis, le capitaine amarre au Brusc près de Sixfour, mais y prévient discrètement les armateurs, qui, eux, ont fait intervenir les autorités de Marseille, pour éviter la grande quarantaine, aussi, demande-t-on au capitaine de retourner à Livourne et de ramener une patente de santé « nette ».

Ce qui fut effectué, le navire se présenta donc à Marseille le vingt-cinq mai, il eut ordre de mouiller à l'île Pomègues, le quatre juin au lazaret et y débarqua passagers et marchandises, il eut ordre de quarantaine à l'île de Jarre, et le vingt-huit juillet mille sept cent vingt, Monseigneur Philippe d'Orléans ; régent et oncle du Roi Louis Quinze ; fit brûler le navire pendant trois jours, pour éradiquer la peste étendue sur la Provence et le Languedoc en cette année-là, ce qui fit plus de cent mille morts. Simon contait si bien que j'en fus bouleversée, de ce fait, quand on prit la route, j'avais les images de ces pestiférés, si intenses, que je tombais évanouie ! Quand je repris mes esprits,

Édouard

Simon et Nonna étaient à mon chevet, dans ma chambre, où notre ami m'avait fait ramener par des voisins. Aussitôt, je scrutais ces deux êtres si chers à mon cœur, quant à moi, j'aurais aimé que quelqu'un me rassure également, au contraire, Nonna ne fit aucunement mention d'une visite chez nous !

Bien sûr, ce n'était pas la première fois que j'avais des visions du passé ou du futur, non, ce qui me serrait la poitrine était la peur de m'être à nouveau faite roulée par les paroles de Jean et potentiellement, devoir revivre le cauchemar vécu pour mon petit Louis !

Aussi j'attendais les signes menstruels avec angoisse.

— Là, tu parles de ton sang que tu perds tous les mois ?

— Oui, je t'ai expliqué, comment le corps des femmes fonctionne, c'est ça !

Et, ne voyant rien venir, cette fois, j'allais, seule, consulter le médecin. Il me conseilla d'aller à l'hôpital, car il existait un test sanguin de dépistage, nouvellement mis entre les mains des gynécologues, je n'avais pas envie de retourner à la Conception, trop de souvenirs douloureux y planaient ! Aussi ai-je décidé de remédier aux tests encore en vigueur, que nous faisions nous-mêmes !

— Vous faisiez comment ? demande Charles, précoce et curieux.

— On courrait pour attraper une grenouille, et on faisait pipi dessus (hilarité du garçon, tordu de rire par terre).

— Et la grenouille, elle faisait quoi ?

— Elle pondait des œufs rapidement.

— Et tu en as attrapé une ? demande Charles, goguenard.

— Oui, et elle a pondu très vite !

— Ha, ben tu as eu un autre enfant ?

J'étais enceinte, il me fallait le confirmer par cet examen que le médecin me conseilla de faire exécuter à l'hôpital Saint-Joseph, dans notre huitième arrondissement.

Saint-Joseph

Celui-ci fut créé par un prêtre catholique qui engagea sa foi dans les actions sociales, dont, cet hôpital l'Abbé Fouque l'ouvrit pour les gens de toutes religions, toutes classes, toutes races, y sont pris ceux qui souffrent, donc à but non lucratif !

Selon sa devise : « Omnia possibilla sunt credenti. » (Tout est possible à celui qui croit.)

J'y partais donc, un peu soulagée, avec un mot du docteur pour le service obstétrique. Rassurée puisque la « Conception » commençait à y transférer ses patients !

Quand j'y arrivais, le soleil était doux je me dis que c'était un bon présage, l'aspect de cet hôpital était moins austère que celui de la conception, l'entrée monumentale, s'ouvrait entre deux grilles, au-dessus de ce passage, le nom de l'hôpital était incrusté dans une ferronnerie arquée, je longeais une longue allée bordée d'arbres, le bâtiment central était au bout de trois immenses escaliers sculptés dans la terre, bordés de part et d'autre de plantes et arbustes le tout menait au fronton sans dorure, au-dessus de l'entrée principale de l'ancienne bastide construite pour Louis Sauveur de Villeneuve, Marquis de Forcalqueiret et ambassadeur de France à Constantinople, à la « Porte magnifique » (Empire ottoman), l'immense porte passée, je me retrouvais dans un grand hall carrelé de blanc à petites croix noires aux interstices, les murs d'un blanc immaculé, supportaient les deux étages de salles de soin et de repos. Parfois, on croisait quelques nonnes de blanc vêtues, hormis les novices qui, elles, étaient en noir et blanc, toujours portant leur coiffe nommée cornette, de ce fait, surnommées en Irlande : religieuses papillon (petit clin d'œil), devant moi, au fond, des colonnes entre lesquels étaient placés des guéridons hauts, sur lesquels des pots contenant des palmiers nains allégeaient l'atmosphère austère du lieu.

Je restais là, inerte, quand une petite sœur de la Charité, sortit des portes-fenêtres, derrière les colonnes et vint à moi, aussitôt, elle me prit en charge, elle me conduisit au service obstétrique. Là je fus reçue par le médecin de garde, à qui je confiais mes craintes, ainsi que le mot de son confrère. Il ne me laissa pas réfléchir, il m'entraîna vers une sœur infirmière, qui me fit une prise de sang évidemment, angoissée, mes veines roulaient, donc, ce fut pénible, mais je rentrais chez nous, tranquillisée : demain, je saurais !

Le jour pointait quand j'arpentais l'allée menant à l'hôpital, je fis une grande prière devant la statue de Saint-Joseph, au pied du double escalier qui menait à l'entrée, tout était frais, entre les buis, sachant que ce lieu était, autrefois, la séparation du village de Saint-Joseph, du territoire des Aygalades, nom venant de l'occitan ; aiga soit : algues, eaux, textuellement, le nom entier peut être traduit par « eaux abondantes », ce qui s'avérait dans ce quartier aux nombreuses fontaines !

— Bon, maman, tu veux dire quoi ? On va se faire remarquer, les autres vont dire qu'on fait des messes basses, et c'est pas poli ! dit Charlot, qui commençait à avoir des Fourmies dans les jambes.

— Simplement, te dire que les parents sont des êtres humains, nous aimons nos enfants et les élevons au mieux, mais nous ne sommes pas parfaits, nous aussi avons fait des bêtises dans notre jeunesse, il ne faut pas nous en vouloir, voilà, chacun devrait avoir l'humilité et la droiture de raconter son passé à ses enfants, c'est ce que je fais ! Par amour pour toi !

— Maman, moi aussi je t'aime, et je ne te juge pas, moi aussi, je vais faire des bêtises, j'essaierais qu'elles ne fassent mal à personne, je ferais au mieux, moi je pense comme mon instituteur, que la perfection n'est pas de ce monde, et heureusement, sinon, on s'ennuierait ! Tu es une mère formidable, j'ai beaucoup de chance et je te remercie d'être ma maman !

Après cette sortie de son fils, c'est la gorge nouée et les yeux humides que la jeune mariée reprit son récit : « Donc, le médecin m'attendait dans son bureau, tout était calme, lorsque je fus assise, il me regarda droit dans les yeux, mon cœur battait la chamade, sa voix émit une phrase qui tomba comme un couperet : "Vous êtes enceinte, jeune fille, hors de question, pour moi de vous prendre en charge, si vous devez refaire le même parcours que lors de votre précédente grossesse !"

Il avait regardé mon dossier antérieur, car je lui avais expliqué ce qui s'était passé, aussi, ne désirant pas que je revive la même expérience, il voulut savoir si je pouvais aller chez une amie, ou dans la famille, ailleurs, mais je n'avais ni l'un ni l'autre ! Alors, le médecin me proposa de m'héberger à l'hôpital, le temps de ma grossesse. Je rentrais, perturbée, ne sachant quoi décider.

Je trouvais Nonna qui m'attendait, elle attaqua la conversation question sur question, une vraie mitraillette ! Ça me permit de réfléchir à la suite, anxieuse, je lui annonçais la nouvelle, elle devint blême, et se mit à hurler que j'étais une gourde, que je m'étais encore laissé berner par ce diable à deux sous, puisqu'il en était ainsi, je pouvais me prendre par la main et mon baluchon avec, aller donc me faire trousser chez Jean, je serais sur place afin d'élever mon enfant en famille.

Cela m'a fait mal, mais en même temps, je fus soulagée ! Je montais dans ma chambre, fis un baluchon de mes affaires, en me morigénant de ma naïveté envers ce que j'avais donné à ce Jean.

Je partis alors que ma grand-mère était absente, tête basse, le cœur lourd, vers ma nouvelle destinée à l'hôpital où, très vite, je sus rendre la pareille à mon bienfaiteur, en travaillant à la lingerie, et en aidant au ménage, ce qui me valut, très vite, de pouvoir partager une chambre avec une autre jeune fille.

Les saisons passaient, agréablement, j'avais écrit à Simon, pour lui expliquer ma disparition et le prier de s'occuper de Nonna, février arrivait, on me mit dans la salle commune, appelée Sainte Madeleine, propre, immense, des palmiers en pots, sur des guéridons, carrelée de blanc, et les coins noirs formaient des croix, tout était paisible et joli. Je pensais souvent à nono, qui avait fini sa vie là, avant la rénovation des locaux, tout, alors, y était vétuste et insalubre, car cet "hôtel Dieu" ouvert aux civils et militaires, ainsi qu'aux vieillards infirmes et enfants orphelins, ouvert en mille-huit-cent-cinquante-sept et voit sa destruction en quarante-quatre, les lieux similaires étant insuffisants pour la population, l'abbé de Saint-Victor offrit cent mille livres, pour ce nouvel hôpital, par charité.

Mon ventre, comme une douce montgolfière, bougeait sous les petits pieds et poings du bébé, j'attendais avec confiance, le moment de ma délivrance, ce jour béni où je serrerais mon bébé dans mes bras.

Le grand jour arriva le vingt-sept février mille neuf cent dix, l'accouchement se fit plus rapide que pour mon petit Louis il lui ressemblait, un beau gros bébé brun, bien portant. Le bonheur ! Je fis prévenir Simon, qui arriva le jour même, avec un panier de fruits et de la layette faite par sa sœur c'est à dire : un lange en molleton, pour emmailloter bébé des pieds à la taille, trois bonnets, dont un chaud, et deux moyens, une petite chemise en tissu imprimé bleu et jaune avec un lange, une pointe bleue, pour le cou et, bien sûr, un collier de dix-huit perles en ivoire et une brassière de toile blanche bien évidemment, le bonnet chaud était bordé d'amulettes : dent de loup, collier d'ambre et des bouts de peau de taupe contre les convulsions, quelques bandes de toile grises qui entouraient le corps en laissant les bras libres, Édouard et moi, étions choyés ! »

— Choyés ? Mais il était torturé, emballé comme un saucisson !

— Non, c'était la mode, pour que les enfants restent droits !

Retour au bercail

Simon était venu seul l ! Quand je demandais après Nonna, il me répondit que c'était un mystère : elle avait disparu le jour de mon départ, personne ne savait où elle était, il ne lui était rien arrivé de mauvais, car ça se serait su, aux Goudes, où tout le monde se connaissait.

Simon vint me chercher, le jour de notre sortie, il nous mena à la maison en charrette, j'avais la clef de la maison, aussi, dès que je fus à la porte, je toquais, puis, Simon entra le premier, il me fit signe de renter, après avoir fait le tour de la maison, et me laissa avec Édouard, en me promettant de passer chaque matin, et me demanda si j'avais besoin de quelque chose, non, je désirais m'isoler pour allaiter bébé, puis me reposer de ce grand air, des bruits de l'extérieur et de mes angoisses pour ma grand-mère, et le panier rempli de victuailles me suffisait pour deux jours !

Je nourris mon bébé, puis, endormi, je fouillais la maison : rien ! Tout était intact, même les vêtements étaient là !

Je décidais d'attendre Simon pour soulever la dalle et accéder à la cave, car j'étais encore trop faible pour le faire toute seule, et mon instinct me disait que je n'y trouverais rien. Aussi je remontais admirer mon petit en empruntant le petit escalier accolé à l'alcôve où dormait Nonna, cet escalier était charmant, tout blanc, les marches creusées dans la masse, on se croyait dans un labyrinthe pentu, ma tête touchait presque le plafond, jusqu'à l'étage où il s'ouvrait sur le palier, face à la porte de la chambre parentale, que Nonna m'avait octroyée, pour plus de commodité.

Je rentrais doucement, et vis de suite mon bébé-pacha, installé au milieu de mon lit, dormant comme une souche, et riant aux anges, mes yeux embués se posèrent sur un joli petit berceau à côté de la tête de lit, mon souffle me manquât, car il n'y était pas lorsque j'étais partie à l'hôpital, donc, c'est Nonna qui l'y avait installé !

Je ne mettrais Édouard dedans que lorsque j'aurais repris un cycle féminin normal, avant, la tradition voulait que les enfants dorment avec leur maman, car il était dit qu'il fallait éviter les mauvais esprits qui tournaient dans les parages des nouveau-nés, ceci dit, comme ton frère était un enfant naturel, il était voué à vivre de bonheur !

La chambre

J'adorais ma chambre, mon lit, enfin, le lit de mariage de Nonna, prenait tout le pan de mur face à la porte, une alcôve rectangulaire, gigantesque tout en noyer, sculpté et polychromé avec baldaquin clair et plaqué en noyer, les rinceaux de feuillage peints ornaient la partie avant- première du coffrage, il était complètement biseauté de grotesques délicats, représentant des sirènes nageant entre les algues, si délicat était ce travail, qu'on aurait dit de la dentelle, l'encadrement faisait comme une avant-scène de théâtre, et était assez profond pour que l'on y installe une tablette et un tabouret, en guise de coiffeuse, car l'intérieur était décoré de miroirs longs avant le lit, et trois miroirs larges sur les trois côtés internes du lit. (Coquin de mariage !)

Là où était la tablette-coiffeuse, se trouvait, maintenant le fameux berceau en même bois il y avait deux pieds à chaque bout, portant un système de balancelle, avec deux poignées assez grossièrement creusées dans les parois, pour bercer l'enfant, le tout était haut de un mètre dix ,et profond de cinquante-quatre centimètres, ce qui servait de coupe-vent l'ensemble était magnifique, digne des palais asiatiques, je m'y sentais en sécurité, malgré le manque de ma grand-mère qui m'inquiétait sérieusement !

Le port

Quant à Jean, il avait disparu de ma vie dès nos retrouvailles, il me manquait, mais je lui en voulais tant d'avoir profité de ma candeur, puis de m'avoir laissée seule avec son enfant, qu'une rage froide me rongeait au point que je l'aurais volontiers maltraité si j'en avais eu l'occasion ! Tout en culpabilisant de mon manque de retenue.

C'est en pleurant que je réempruntais l'escalier, pour monter dans la chambre du dessus, j'ouvrais l'unique porte du palier, qui donnait sur la chambre d'ami, charmante, moins chargée que la mienne, un brin séculaire, un lit d'une personne était contre le mur du fond, tout en marqueterie d'Italie, les pièces de bois de différentes essences s'imbriquaient à merveille avec la nacre, et les éclats d'écaille de tortue pour former des décors subtils où jouaient les rais du soleil couchant, il mesurait environ deux mètres cinquante, haut d'un mètre quarante-huit sur les deux côtés : tête et pieds avaient un air théâtral avec une courbe accentuée vers le haut retombant sur l'extérieur, doté de trois tiroirs en ceinture, très travaillés, je me baissais vers le plus grand, au centre, il me sembla qu'il était un peu vide, vite j'ouvrais les deux petits de chaque côté, aucun vêtement léger ? Nous n'étions qu'en février, les grosses chaleurs s'installeraient dans trois mois !

J'étais perplexe, mais une idée germait en moi : serait-elle allée à Montpellier, au chevet de mon père hospitalisé depuis, quelque temps ? Je préférais cette hypothèse plutôt qu'une autre !

— Il avait quoi, mon grand-père pour être hospitalisé si longtemps ?

— Il fut hospitalisé pour schizophrénie et y resta, suite à une grosse dispute avec ma mère qui lui refusait de revenir en Métropole.

— C'est grave, alors cette maladie !

— Oui et non, papa était très doux, mais très, trop sensible, alors il a perdu la tête en pensant perdre sa femme ! c'est un trouble mental, il perdait contact avec la réalité, n'était pas conscient de sa maladie, donc, impossible à le soigner, il a été interné de force, pour déterminer sa prévalence aux hallucinations, et délires, le protéger contre lui et autrui, il entendait des voix, pensait être la cible de complots c'est triste, mais c'était ainsi !

— Et ça s'attrape comment ?

— Ce n'est pas un virus, comme la grippe, la médecine ignore d'où ça provient, ça n'est pas non plus génétique, ils disent que le cerveau est très complexe, alors, ils soignent les hallucinations par des médicaments pour le confort des malades, et par les séances en psychiatrie, voilà !

— Moi, je risque d'être comme mon grand-père ?

— Non, ça ne se transmet pas par le sang, je me suis renseignée ! ne t'inquiète pas.

Donc, après cette introspection et une nuit de repos, je décidais de rentrer en Algérie, je ne pouvais pas vivre toute seule avec Édouard, et maman me manquait !

Le lendemain, Édouard repu, je préparais un biberon de lait, au cas où nous ne serions pas rentrés à l'heure de l'allaitement, puis, je partis à la fraîche, vers l'arrêt du tramway le plus proche, pour cela je devais parcourir le boulevard Saccoman, où habitait Jean, je me faisais toute petite derrière le landau, quand je le vis sortir de chez lui, avec sa vieille jument, je ralentis le pas et me cachais derrière le pilier d'une belle demeure, sur le trottoir d'en face, une femme de chambre aérait les draps à la fenêtre, et me trouvant étrange, commença à me crier de déguerpir, ce que je fis, tête basse, mais Jean m'avait aperçu, il fit prendre ma direction à son cheval, arrivant à ma hauteur, il s'exclama :

— Buongiorno, tesoro ! froidement, je lui dis :

— Nous sommes en France, ici, vous ne connaissez pas cette langue !

Il devint blanc de rage, et s'approcha de moi, il se pencha sur Édouard, et se releva rouge de plaisir en disant : « Il est magnifique ! un vrai Denza ! »

À ces mots, ce fut moi qui devins blanche de rage, je répliquais :

— Non, ne rêvez pas ! Il s'appelle Strazzulo, espèce de porc !

— Tout doux, la belle, ce n'est pas de ma faute si ta grand-mère a voulu me tuer quand j'ai frappé chez vous, comme convenu !

— Nonna, meurtrière ? Mais elle n'est pas capable de tuer une poule ! c'est encore un tour pour m'embobiner !

— Non, tu n'as qu'à demander à Rosine, ta voisine ! elle a sorti un couteau aussi long que mon bras et m'a ordonné de ne plus te revoir !

J'étais interdite, je n'aurais jamais imaginé ça, mais je répliquais :

— Et pourquoi ne t'es-tu jamais occupé de nous, à l'hôpital, pas un mot, pas une ombre !

— Je suis allé à la conception, tu n'y étais pas !

— En effet, je n'y suis pas allée, tu n'as guère cherché !

— Je ne voulais pas me faire remarquer et me retrouver avec un trou dans le corps ! je peux voir mon enfant ?

— Qui te dit que c'est le tien ?

— Je te connais, tu n'es pas une fille facile, et ça correspond à nos retrouvailles !

— Ça, c'est sûr ! On ne m'y reprendra pas !

— Bon, tu me le montres ce petit ?

— Tu te penches et tu regardes !

— Ha, il est beau comme son père !

— Bref, tu as l'intention de le reconnaître ou pas ?

— Oui, quand on sera marié !

— Ha, c'est pas demain la veille, j'ai vu Lisette à ta fenêtre, alors, arrête tes belles paroles !

— Quand j'ai vu la réaction de ta grand-mère, j'ai perdu espoir et encore plus quand je ne t'ai pas trouvé à la Conception, donc je lui ai dit de rester, je n'avais plus rien, tout s'écroulait sous mes pas !

Déception

Une fois la conversation terminée, je reprenais ma route, expliquant que je rentrais en Algérie, Jean tenta de m'en dissuader, mais je tins bon, malgré ses larmes, alors, il me dit qu'il nous accompagnerait au port, et me laisserait l'adresse de ses frères installés à côté de chez nous, au cas où j'aurais besoin de quoi que ce soit.

Je mis un terme à cette conversation pénible et infructueuse, en saluant Jean, qui ne l'entendait pas ainsi, et me retint en me demandant tout ce qu'il ignorait sur Édouard, puis, sur l'endroit où j'avais accouché, enfin, comment se passait la cohabitation à la maison, il fronça les sourcils quand il me sut seule avec le petit. Et profita de l'aubaine pour me proposer de venir vivre avec nous, ce que je refusais, suite à son abandon, et disant que Simon, veillait et venait régulièrement, je ne désirais pas que l'on médise sur ma tenue, de plus, je voulais aller au port avant l'heure du repas d'Édouard.

Il n'insista pas, mais me fit promettre d'accepter son aide, le jour de notre départ, ce que j'acceptais par confort pour le petit !

Je repris ma route vers la diligence.

Droite et fière, mais pas si assurée de mon émoi, et trouvant des excuses à Jean, me promettant de demander confirmation à la voisine, dès notre retour !

Le cocher et un voyageur, m'aidèrent à monter avec mon enfant, puis, installèrent son landau au second étage de la diligence. De loin, j'aperçus la cathédrale, puis, la bourse, nous passions le quai de la Joliette, lorsque Jean nous doubla, il me suivait, et ça m'exaspérait ! enfin, nous sommes passés sur le ponton fixe et je suis descendu au siège de la billetterie de la direction des Templiers, ils n'avaient aucune place avant un an, car les départs se faisaient tous les cinq, quinze et vingt-cinq du mois, hors, Édouard aurait un an, en mars, il y avait une fête sainte, en avril, encore plus, mais aussi, puis les mois chauds n'étaient pas raisonnables pour un nourrisson ! j'étais anéantie, c'est alors que Jean refit son apparition, et me prenant le petit, il me conduisit jusqu'à sa charrette, où il nous installa dans le foin, je séchais mes larmes et passais mon temps à réfléchir sur la façon de subvenir à nos besoins, jusqu'à notre départ maritime.

En rentrant, je refoulais mon amoureux transi, qui cherchait à s'incruster, puis je me rendais chez la voisine, sous le prétexte de lui demander du pain, elle me confirma donc les dires de Jean, ce qui me rassura d'une part, de l'autre, j'étais en colère contre ma grand-mère, bien qu'elle ait assumé sa tâche familiale, de surcroît elle était ma marraine, elle était donc, ma double tutrice !

Sur ce, je rentrais très vite pour changer bébé, qui pleurait fort, et qui avait faim, de plus !

C'est donc à l'ombre du figuier que je le changeais, sur un gros oreiller posé sur le lavoir de pierre que Nonno avait creusé de ses mains, et dans lequel Nonna et moi lavions notre linge, à ce sujet, une idée avait germée lors de notre retour du port : J'avais décidé de devenir la bugadière (blanchisseuse en langue d'oc) des Goudes, mon linge était remarqué par sa blancheur extrême, avec les paniers de Simon, je devrais tenir, tout en gardant Édouard, je travaillerais !

Je commençais dès le lendemain, et je terminais par une petite consultation de voyance, grâce à Rosine qui avait posé des petites annonces dans les boutiques alentour, très vite ma popularité fut intense, je travaillais tard, la nuit.

Au bout de trois semaines, une seconde passion occupait mes journées, j'emmenais Édouard dans la garrigue et je ramassais des simples dont Nonna se servait, faisait sécher et mettait en bocaux, pour nous soigner. Elle avait consigné ses connaissances dans un vieux cahier, qu'elle me faisait lire, avant son départ, aussi, je devins vite, la « guérisseuse » du village. Édouard grandissait en beauté, intelligence et force, on vivait agréablement, en nous aimant, j'étais heureuse, hormis les moments où je pensais à Nonna, et mes parents, je mettais les sous du voyage de côté, en attendant le grand jour ! Je ne chômais pas, mais cela me servait d'exutoire.

J'écrivais à maman, une fois par semaine, elle ne me parlait pas de Nonna, tant son petit-fils occupait ses pensées, elle ne parlait jamais de son géniteur, ce qui m'arrangeait ! D'ailleurs, il n'était jamais revenu depuis que je l'avais refoulé, mais je le voyais passer souvent devant la maison, où il ralentissait.

Le cousin

En fait, je pense que je l'ai aimé parce' il a été là au moment d'un grand tournant de ma vie : papa à l'hôpital, moi, rentrant dans la puberté et sans expérience, il a marqué ma vie, mais pas de façon indélébile !

J'aurais pu rester en France Métropole encore longtemps, tranquille, ce qui me décida à reprendre la mer, fut une rencontre fortuite au cimetière, en effet, portant mon petit bouquet de fleurs sur la tombe de nono, je croisai un homme, qui me reconnut et m'aborda, en me saluant poliment, il s'approcha de mon Édouard, me faisant compliment pour sa croissance et son verbiage bien avancé, je restais étonnée, il vit mon étonnement, et me dit qu'il avait eu connaissance de la naissance de « notre fils », par son cousin, me demandant si je pensais retourner à « Brancourt le Grand », c'est ainsi que je fis la relation avec Lisette !

J'avais été dupée ! Mais pour en savoir plus, je rentrais dans son jeu, c'est ainsi que j'appris la naissance du petit Édouard (troisième prénom de son père), à Brancourt le Grand, deux ans moins trois jours, après son demi-frère : Mon Édouard !

Je tombais au sol hurlante et hirsute, on vint me secourir, le cousin, conscient de sa bévue, mit mon état sur une douleur de veuvage, c'est à ce moment que je me relevais, honteuse, mais digne, je passais à la maison, avec le petit qui n'avait pas bronché, comme s'il avait compris ma rage, ma tristesse.

Prenant papiers et argent, je partais au port où je réservais une cabine seconde classe à quatre-vingts francs, pour nous deux, rien n'était trop beau pour que mon enfant soit heureux ! J'avais décidé de partir au plus tôt, ce fut le mercredi quinze février, pour fêter le premier anniversaire d'Édouard avec douze jours d'avance.

Préparatifs de départ

Rentrés vers midi, deux de mes clientes m'attendaient, en rentrant, je fus bombardée de questions, pourquoi ce rose aux joues, ces cernes qui mangeaient mon visage, ce retard inhabituel, lorsqu'elles eurent leurs réponses, elles furent dépitées de me perdre. Ce qui fit le tour de notre petit village, très vite !

Dès le soir, j'avais la queue de mes copines endeuillées à la porte, seule, Manon, avait compris et m'avoua savoir depuis longtemps la vérité sur ce qui se tramait chez Jean, sans me le dire, par respect pour notre famille, qu'elle affectionnait et notre droiture qui la stupéfiait. Beaucoup me proposèrent de m'aider au ménage de la maison, connaissant ma maniaquerie à cet égard, j'acceptais de grand cœur, car les soins, le linge, la voyance et surtout monsieur mon Fils, auraient pris tout mon temps !

Le lendemain, c'est donc un bataillon de ménagères, cheveux couverts, qui avec un goupillon, qui un balai, qui une faux, un battoir, un plumeau, un seau, des guenilles, une caisse remplie de cristaux de soude, éponges, vinaigre, farine, gros sel.

Toutes entonnèrent la chanson : « Allons ma brunette, allons ». Lorsque je leur ouvris la porte, tout le jour, elles briquèrent, époussetèrent, et nettoyèrent mon jardin, pendant que je terminais le linge en cours, tout en m'occupant de mon fils pour le nourrir et le changer. Car il commençait son sevrage, ayant ses canines, il mangeait donc des biberons avec de la panade, de la farine sucrée, entre deux tétées. Les rires, les chansons fusaient, quelques-unes pleuraient en silence, comme moi, ce qui nous libéra fut le nettoyage des matelas et pichadous !

Nous avons étendu les matelas sur la terrasse, où nous les avons battus après les avoir laissé sécher, car désinfectés au mélange : gros sel, farine et vinaigre blanc, pareil pour le pot de chambre, nommé pichadou, cela nous a défoulés, le soir venu, après les embrassades et promesses de s'écrire, la séparation se fit dans un flot de larmes.

Cette nuit-là, je ne dormis pas, je rangeais le peu de linge que nous avions dans de grands carrés de tissus liés aux quatre coins et réunis au bout d'une branche de notre arbre, en un baluchon minable.

Vers cinq heures, je changeais Édouard l'allaitais, somnolent, mais souriant, puis je pris le trousseau de clefs, après avoir fermé fenêtres et volets, le cœur lourd, je sortis, mes yeux s'écarquillèrent de surprise, sur le devant de la porte, se trouvaient un lot de bagages en cuir roux, accompagné d'un mot, signé de madame Audibert, qui disait ceci : « Chère Angèle, je vous offre ces bagages, qui ne me serviront plus, afin de vous remercier pour le soin que vous avez pris à entretenir mon linge, Prenez bien soin de votre petit ange et de vous-même, Dieu vous garde, toute mon affection, A. Audibert »

Cette dame, femme d'un gros négociant du pays, me fit un cadeau royal, car dans la malle, se trouvaient deux sacs à soufflets, un coffret de beauté garni de crèmes, fards, peignes et brosses. Vite, je transvasais notre linge dans les deux sacs, et restais bras ballants devant cet étalage, ne sachant comment transporter le tout, lorsqu'un bruit de cheval et de roues résonna sur les cailloux du chemin. Enfin, tout s'arrêta, ou tout commença au pied des marches, une voix, sa voix m'apostropha :

— Alors, comme ça madame allait me ravir mon fils ! Tu parles d'une parole donnée ! Qui as-tu trouvé pour transporter ces objets de bourgeoise, ce luxe a acheté un autre pauvre garçon ?

Je me retenais de rugir sous les insultes, très calme, ma réponse fut :

— En effet, tout s'achète ! puisque tu es là, tu vas nous emmener au port, ce précieux bien que tu m'as volé dans le cabanon, qui s'appelle virginité, ce qui ne t'a pas empêché d'ignorer ce qui m'est arrivé ensuite, quant à mon enfant, il ne te connaît pas, il n'a pas même reçu un bonnet pour le protéger ! Allons ! je vais offrir une famille à ce petit !

Voyage maritime

Rouge comme un coq, ce piètre père nous mena devant le « Manouba », notre paquebot, où l'on me laissa mes deux sacs, emmenant la malle au hangar, face au pont principal pour l'enregistrer à la douane, je plantais là Jean, qui eut juste le temps de me glisser l'adresse de ces frères, au cas où…

Puis on nous prit en charge, le petit et moi, et je me retrouvais dans notre jolie cabine, qui comprenait deux lits superposés, un berceau fixé au plancher, tout comme la petite armoire, la table et deux chaises ? Deux lavabos étaient incrustés dans la paroi, près d'un appareil relié à la commanderie. J'installais Édouard dans son berceau avec son ours, cadeau de Simon, puis je testais le lit du bas, qui me tentait, depuis les émotions de la veille ! Je ne sentis même pas le paquebot s'ébranler, je dormais déjà, ceci jusqu'à ce que le petit se mit à pleurer, ayant fait tomber son jouet, je me traitais de mauvaise mère et le prenant dans mes bras, je montais sur le pont où l'air me surprit, des transats occupés par de jolies dames étaient placés au centre, évitant les cordages enroulés de ci, de là, je pris possession de l'un d'eux rayé jaune et blanc, pour profiter de la vue qui s'offrait aux voyageurs.

Le drapeau français volait au vent à la proue, trois chaloupes surélevées se balançaient mollement de chaque côté du pont, un peu à l'écart, un mini parc de jeu était rempli d'enfants encadrés de nurses, tout était calme et rires, je me détendais peu à peu, des hommes fumaient en lisant des journaux, un peu à plus loin, sur des bancs de bois je ne regrettais qu'une chose : n'avoir pas assisté au départ de Marseille, mais nous arrivions à l'approche de l'île de Minorque : « Haaaaaaaaaaaa, ben voyons ! »

La traversée

— Mais je l'ignorais alors !

Donc cette île blanc et brun, petite, était incroyablement étrange par la hauteur de ces falaises à pic, un port magnifique créé par les Anglais. De loin, grâce à des jumelles, on voyait des demeures princières, en haut des parois verticales, de ci, de là des monuments mégalithiques, impressionnants, certains couchés par la force du vent violent qui couchait les arbustes alentour, donc, rares !

Une fois dépassée, je fixais mon attention sur le parc d'enfants, où tous riaient en jouant, ça me rasséréna, et me fit revivre ma prime jeunesse passée, déjà un voile d'amertume embruma mes yeux.

Mon seul bonheur-souvenir, ramené de Marseille, était mon enfant. Ma voisine s'apercevant de mon désarroi, entrepris de me changer les idées, en me décrivant la traversée qu'elle faisait régulièrement, pour rejoindre son mari tout neuf, enrôle dans l'armée de terre sur le continent, ce qui les séparait douloureusement, alors je m'inventais une vie similaire, pour taire mon tourment et mon déshonneur, car il y avait ça aussi : comment maman allait elle nous accueillir, je ne ramenais pas de bonnes nouvelles !

Puis une nurse vint m'amener un biberon de bouillie qu'Édouard dévora.

Je me félicitais donc de ce voyage qui nous donnait de bonnes couleurs et un appétit d'ogre. Moi, je prenais le petit-déjeuner devant le hublot carré, grand ouvert, puis je donnais son bain à Édouard, dans la salle de bain des dames, face à notre cabine, placée au milieu du bateau, de ce fait, je ressentais moins le roulis et le tangage, ensuite, je laissais mon fils à une nurse pour me détendre dans un bain d'eau de mer chaud.

Pour éviter regards et questions, j'esquivais la superbe salle à manger, en grignotant de petits gâteaux secs faits de mes mains, et glissés dans des petits sacs entre mes vêtements.

Montant sur le pont, pour prendre le soleil, nous contournions très près, le Stromboli en éruption, déversant ses coulées de lave dans une mer bleu marine, sous un soleil d'or pur, ce qui incluait la première ville Calabraise sud, appelée Reggio dont la commune était San Giovanni (Sait Jean), énorme pic sauvage, séparant la Sicile, toute l'Italie sous mes yeux ! par ce merveilleux détroit de Messine, les deux versants étaient des tableaux de Dieu.

Près des côtes, pas de baigneurs, juste quelques trains. Très droite dans ma jupe longue noire, agrémentée d'un corsage en voilage léger, je faisais attention à ne pas me prendre les pieds dans les rouleaux de cordages, au pied des embarcations suspendues, pour naufrages, je croisais beaucoup de religieuses et d'Anglais, la température au niveau du Péloponnèse était douce, aussi, nous sommes restées longtemps sur nos transats, Marie et moi, demain verrait notre séparation à l'arrivée d'Alger.

Cette nuit-là, je révisais nos bagages, préparais nos tenues du dimanche, je somnolais en rêvant à notre arrivée dans les bras de maman.

Au petit matin, bien réveillée, je prenais Édouard, l'emmitouflait de couvertures, pour voir l'arrivée de notre « Alger la blanche », du pont.

Là, bousculée par les matelots que nous gênions dans leurs manœuvres, je rebroussais chemin vers notre cabine, et allaitait mon petit homme, qui réclamait sa pitance.

Tout à coup, le bateau s'immobilisa, mon cœur tapa, toutes les portes des cabines s'ouvrirent, rires, chansons, pleurs se mêlèrent, quand on toqua à ma porte, derrière se tenaient Marie et un jeune homme inconnu. Lui, se précipita sur mes sacs,

Marie avait identifié cet homme, sur le pont, en tant que compagnon de chambrée de son mari, pensant à ma solitude avec Édouard, elle l'avait enrôlé, pour nous aider jusqu'au quai. Il prit les choses en main, et nous le remerciâmes d'un petit billet, au moment de nous quitter, ce qu'il refusa.

Michel

La garde meurt, mais ne se rend pas.

Pierre Cambronne

J'étais gênée, de plus, il ne me quittait des yeux, uniquement que pour regarder Édouard ! Nous étions au départ des diligences, ce qui nous rapprocha fut qu'il se rendait à « Maison Carrée », où il vivait avec ses parents, quartier du parc Boumati, quant à nous, nous habitions assez près, rue Blandan.

J'étais ravie d'avoir ce jeune homme près de moi, attentif, cultivé, il prenait soin de ce petit malin d'Édouard, qui profitait de sa gentillesse, pour lui chiper sa chéchia garance « rouge », faisant rire tous les voyageurs, qui félicitaient notre protecteur d'avoir un si beau petit garçon ! ce dont il s'enorgueillissait, le dernier passager descendu, il me posa la question que j'appréhendais, et je lui répondis, rougissante, la vérité, ce qui me valut la réplique suivante :

— Il ne sait pas ce qu'il a perdu, ce petit monsieur, et tant mieux pour celui qui aura l'honneur de gagner son trésor !

Ces dires me soulagèrent, c'était un test, pour les fois prochaines, qui ne sauraient manquer ! Lorsque la diligence s'arrêta, Édouard éclata en sanglots quand notre protecteur en descendit, mais, au bas des marches, il fut vite consolé dans les bras de ce beau militaire, qui nous accompagna jusqu'à la maison de mes parents ; en nous expliquant mille choses inintéressantes, par exemple, qu'un scientifique avait consigné que la plus ancienne trace humaine à El Harach, autour du quartier Belle Vue était un instrument préhistorique près de l'embouchure de l'oued, sous forme d'une petite pelle en pierre polie, dont la datation remonte à la période néolithique ; où ne restait plus que maman, papa ayant été hospitalisé à Montpellier, sur le chemin, il me raconta tout de lui son incorporation à dix-huit ans, au bout de deux mois et un jour, il fut envoyé en disponibilité une petite année en campagne, dans la région Saharienne à Blidah, grâce à son certificat de bonne conduite.

Et Charles curieux :

— Il demeurait où ?

Il revint dans la ferme de ses parents en juin mille neuf cent huit. Et Charles de questionner :

— Et son prénom est ?

Une voix aimée répondit de derrière leur petit nid de sable :

— Michel, mon général !

Écarlate, Angèle entendit la suite, avec soulagement :

— Désolé de cette intrusion dans votre cocon, mais je suis heureux et fier que mon épouse t'ait raconté notre histoire, mon fils !

Donc, Michel n'avait pas entendu la confession complète (qu'il n'ignorait pas) et c'était bien ainsi ! Mère et fils se sourirent tendrement, et complices, ils écoutèrent cette voix douce et chaude continuer ;

— Ce jour-là, je n'avais de cesse de parler pour cacher mon émoi à cette jeune femme, dont j'étais tombé amoureux dès le premier regard ! Il paraît que mon épouse aussi !

— Monsieur, vous ne l'ignorez pas ! répliqua doucement Angèle, vous aviez si belle allure dans votre costume kaki, avec cette ceinture de laine du même bleu que votre fourragère, récompensant vos faits d'armes, par cette Légion d'honneur, car le régiment était le plus décoré de France, d'où le galon bordant la soutache et le pantalon en couleur garance !

Charles, fier de savoir que son père était dans un corps d'armée ayant reçu sept citations d'honneur, se tordait de rire par l'échange amoureux de ces parents, puis il décréta :

— Bon, on va se baigner, les amoureux ? Joignant le geste à la parole, il rejoignit les baigneurs en faisant attention à ne pas détruire le dessin, sculpté dans le sable par son père : l'insigne du premier régiment de zouaves : une tour crénelée à l'intérieur de laquelle une croix rayée du Z et le tout encerclé par une demi-lune, les couleurs en moins, c'était émouvant et précieux !

Ses parents sur les talons, il profita des jeux privilégiés, en famille, pendant un quart d'heure, avant que le beau Michel réunisse tout le monde, afin de repartir vers une « surprise ».

Tous se rhabillèrent, avec force rires, puis le départ vers la maison se mit en branle, car Michel avait décidé de mener sa petite troupe, sur leur trente et un, donc, reprise d'un taxi qui les conduirait vers le square « fort Saïd ».

Prétextant des photos souvenirs, au milieu de ces différentes espèces d'arbres et arbustes autour du kiosque central s'étalaient palmiers, mûriers, magnolias, bambous, ficus et lataniers. Pendant le retour, Charlot somnolait, la tête sur les genoux de sa mère, aussi, elle en profita pour lui glisser à l'oreille :

— Tu dois entendre mon histoire jusqu'au bout ! ce qui fit faire un bond au garçon, il répondit :

— Encore ! non, pas aujourd'hui ! mais Angèle ne baissa pas sa garde pour autant.

— Avant la nuit, tu sauras tout !

Connaissant l'entêtement de cette belle Italienne, il marchanda, en réclamant un petit moment de sieste, qui lui fut accordé.

Arrivés à bon port, chacun se refit une beauté, puis, le taxi commandé, départ pour le square où il ne s'arrêta pas avant l'entrée du monument à l'architecture néogothique, aux très hautes voûtes supportant des colonnes dix-septième, « la cathédrale de Tours, à Alger », écrin des opéras, Michel se précipita pour retirer les billets de l'opéra bouffe : « une Italienne à Alger » de Rossini, ce qui fit verser un pleur à la mariée, quant à Charles, qui raffolait des opéras, il était excité comme un pou !

Tout le monde rentra dans la salle de spectacle immédiatement, toute de style rococo, c'était immense, et décoré en velours rouge sang, on parlait bas, la tension montait avec les minutes, enfin, les rideaux s'ouvrent sur un décor vénitien, sur l'onde se reflétait un coucher de soleil vieil or, avec en ombres chinoises, des gondoles, c'était magnifique !

Le silence se fit, sauf Angèle qui glissa dans l'oreille de son fils :

— Excuse-moi, mais il faut qu'aujourd'hui, tu saches tout de ta maman !

L'orchestre entamant l'ouverture, Charles échappa à la fameuse suite, dans un soupir de libération, il est perplexe par rapport à l'entêtement de la Mamma que doit-elle encore avouer ? Il ne demande rien, ne juge pas, il écoute malgré tout, parce qu'il sent que sa nymphe a besoin d'expliquer des choses qu'elle n'a confiées qu'à son mari, sans doute !

Tout s'envole avec l'entrée de deux compères ; Serafino Gentil, le ténor et Giuseppe Spirito, la voix de basse, alors que monte crescendo l'ouverture.

Le premier acte commence par l'entrée en scène' Annunziata Bernichelli, mezzo-soprano et Marietta Murcolini, tandis que, de la fosse d'orchestre s'envolent les notes profondes et vrillées.

Dès que le rideau fut baissé, Angèle se pencha sur son fils, qui, sentant les confidences reprendre, se dépêcha d'aller vers l'ouvreuse acheter des sucreries, en revenant, il avait le port de tête de Michel lors des décisions importantes, et s'adressant à sa mère, doucement, mais d'un ton posé, mature, il exprima son désir de cesser là ce monologue pénible. Angèle répliqua ;

— Mes confidences envers toi peuvent sembler déplacées au commun des mortels, incandescents, mais mon vœu est de me comporter en adulte responsable, et accomplie face à mon enfant chéri.

Je suis désolée, mon ange, mais aujourd'hui, surtout, tu dois savoir combien j'aime ton père, et pourquoi, apprendre aussi que les adultes sont simplement des enfants qui ont grandi !, on l'oublie trop souvent ! et mon cœur est si ensanglanté que je veux laisser s'épancher toute vérité en toi, afin que tu te comportes avec droiture, dans ta vie d'homme, rien de plus, tu te souviendras que ta maman t'a aimé passionnément, et que tu n'as pas à rougir de son sang qui coule dans tes veines, quoi qu'il arrive !

— Alors, terminons !

— La vie continua, malgré l'absence de maman qui était partie au chevet de mon père, me laissant la jouissance de la maison (seuls mots inscrits sur une lettre posée au milieu de la table), aidée des visites de Michel et des voisins compatissants, nous attendions maman. Moi en travaillant comme à Marseille, Édouard, en croissant sérieusement, avec l'aide de son papa de substitution, qui, un jour de mille neuf cent douze, vint nous visiter, avec une idée bien arrêtée : me demander ma main !

Nous fument mariés le vingt-sept août, en grande pompe, avec l'accord de maman manuscrite, et envoyée de Montpellier, où papa était mort le vingt-sept avril, à l'hôpital, elle attendait de l'argent pour venir nous rejoindre, ce fut mon mari qui lui envoya, elle nous retrouva mariés, avec notre petit Édouard, que Michel reconnut au mariage.

Nous avons quitté Maison carrée lorsque les journaux commencèrent à alerter le monde d'une guerre en provenance de l'Allemagne. Michel fut appelé et envoyé sur le front de Chambry le sept septembre mille neuf cent quatorze, où il connut son copain Édouard T., au fond d'un trou de barricade, entourés de leurs amis, morts.

Là ils se jurèrent, s'ils en réchappaient de marier chacun l'un de leurs enfants, à l'autre, et ils sortirent de l'enfer avec quelques égratignures !

Nous étions heureux, jusqu'au jour où Michel rentra, le visage livide, ayant eu des nouvelles de son régiment, il avait appris que l'Allemagne, alliée à l'Union soviétique, avait envahi la Pologne, en vue de la partager en deux, le premier septembre mille-neuf-cent-trente-neuf, il était question que la France et les Britanniques accourent à la rescousse des Polonais.

Pour les Français, le feu couvait depuis les conséquences de la bataille d'Iéna en mille huit cent six, aussi, nous avons fui pour protéger notre bonheur, jusqu'à Alger, ce qui ne changeait rien, mais nous rassurait. J'avais peur que cette guerre m'enlève Michel, qui avait dû, déjà, rejoindre son corps, simplement, en mille-neuf-cent-sept, du deux août au quinze juin mille-neuf-cent-huit, pour une campagne en région saharienne, en exercices ! Il nous était revenu, maigre, mais heureux, hélas, très attristé, j'avais perdu le bébé que j'attendais !

En effet, il dut repartir le sept septembre mille neuf cent quatorze au seizième régiment d'infanterie, à la fameuse bataille de Chambry, en compagnie de son copain algérois ; Édouard T. Ils partagèrent, la faim et la peur au ventre, des coins de tranchées, où ils combattaient tremblants de peur et de froid, entre les rafales incessantes de l'armée allemande et les râles mortuaires de leurs amis.

À la sortie du théâtre, tous deux parlaient encore, aussi, Michel, enceignant la taille de sa femme dit :

— Désormais, mon cher fils, je vais relever ta maman, car je vois qu'elle met un point d'honneur à te conter notre histoire, laissons-la se reposer !

Enfin, Charles allait entendre des histoires d'homme : la guerre, etc. !

La guerre 14-18

Donc, nous fumes évacués, nous, les survivants, au dépôt du troisième régiment de zouaves, le trois février mille neuf cent seize, puis, au dépôt de génie, premier régiment, le deux juin de la même année, pour continuer à faire nos classes au soixante-seizième d'infanterie, le seize octobre.

On ne nous lâcha pas là !

C'est ainsi que nous eûmes à accomplir une période d'exercices, puis une seconde, pour l'armée territoriale, et nous avons pris la mer pour combattre, le vingt-neuf février entre Chevincourt et Chambry où nous avons creusé, tiré, et servi la patrie, ce qui est appelé : la bataille du Matz, car ordre était d'attaquer pour sauver Compiègne, on glissait dans la plaine boueuse, sous les tirs de canons, nous tordant les chevilles dans les trous des obus remplis d'eau verdâtre, le nombre des victimes était effrayant on se battait contraint et forcés, souvent dans des tranchées à cent mètres les unes des autres contre les Bavarois, c'était plus semi-amical que contre les Prussiens féroces et inhumains !, sous un déluge de feu, ce fut une hécatombe d'hommes sacrifiés, au loin, on apercevait une petite route où les prisonniers allemands transportaient, au sortir des ravins, les blessés sur des brancards à bras, qu'ils déposaient sur des brancards de fortune à roulette, traficotés sur des tables.

Ceci jusqu'au poste de secours, un peu plus loin, vers des camions de ravitaillement de munitions, contenant : caissettes de cartouches, grenades, masques à gaz. Cette guerre fit dix-huit-mille morts, j'ai eu une chance inouïe de m'en sortir sain et sauf ! avec mon copain

Édouard, nous avons tant prié, que lorsque les tirs cessèrent on s'était déjà juré une chose incroyable, que tu dois connaître !

— Ha bon, pourquoi ?

La promesse

— Cela te concerne, et je n'en suis pas très fier !

Nous nous sommes conduits, Édouard et moi, comme tous les gamins qui marchent sur les bords des trottoirs, sans déborder, le matin, en allant à l'école, ce qui les met à l'abri des interrogations, lorsqu'ils n'ont pas fait leurs devoirs.

Nous avons promis que si Dieu nous sortait sains et saufs de cette guerre, nous marierions nos enfants ensemble !

Le onze juin mille-neuf-cent-dix-huit, ayant gagné, on nous envoya à Bizerte, en Tunisie, là, depuis le traité du Bardo en mille-huit-cent-quatre-vingt-un, le ministre de la guerre était un général français, le Bey de Tunis resta neutre, durant le conflit mondial, et ses hommes devinrent soldats zouaves et tirailleurs, avec nous, sauf, ceux dont la famille acheta la résidence au sol, et ceux qui passaient (des examens scolaires en tant qu'adultes), on s'entendait bien entre nous, on riait beaucoup, ils étaient gais comme le soleil de leur pays, qui nous réchauffait le peu d'os et de peau qui nous restait sur nos pauvres carcasses.

— Ha, mais c'est deux ans avant ma naissance ! sursauta Charles, alors pourquoi portons-nous le même nom tous les trois, uniquement aujourd'hui' ?

Gêné, Michel baissa les yeux, mais répondit :

— J'étais aux arrêts le deux septembre mille-neuf-cent-dix-huit, ça m'a bouleversé, de plus, ton frère, qui était encore très jeune, profita de mon absence, pour jouer un mauvais tour à ta maman ! ce qui me fit perdre la tête, après les horreurs que j'avais subies !

— Ha, quand il est parti rejoindre son père à Marseille ?

— Oui, je l'ai élevé comme mon fils, d'ailleurs, il ÉTAIT MON FILS ! et j'ai profité de mon retour en mars dix-huit pour aller en reconnaissance impasse René Caillé, afin qu'il se présente à ses oncles, puisque ça le perturbait de ne pas avoir été reconnu à la naissance, hélas, ce que je vis de cet établissement, m'arrêta sur ma lancée, c'était un lieu de débauche !

Je n'allais même pas demander un entretien avec ces gens de mauvaises mœurs !

Édouard m'en voulu, et deux jours après, sous prétexte d'aller acheter le lait, il profita de mon absence, il monta dans un navire, devint clandestin dans la soute, et se sauva en laissant un petit mot : il allait rejoindre Jean, à Marseille, où il désirait vivre avec son géniteur, assurant de son amour pour nous trois et demandant pardon.

Angèle, regrettant sa droiture ? ne put que verser des larmes amères sur son passé, dont elle avait fait mention à ton frère, comme elle a commencé avec toi !

— Elle est trop pure, maman ! il va bien, au moins, Édouard ?

— Oui, il est déçu de ce père égoïste et toujours absent, mais, il est bien, le soleil, la ville, tout lui rappelle l'Algérie ! et puis, il a une bonne amie !

— Ho ! s'exclama Charlot sidéré, Michel, le regard au sol, se mit à marmonner :

— Quando pelean los compadres se descabrem la verdades. Rires du garçon ! Bon, voilà que tu radotes en espagnol ! tu as raison, et vous vous êtes bien trouvés, maman et toi, vous êtes pareils !

— Que veux-tu dire par là mon fils ? dit le père, hilare, et monsieur comprend la langue, maintenant ?

— En effet, Père ! moi, je n'aurais pas dit « compères », mais : copains !

— C'est un ancien proverbe, ta grand-mère le dit ainsi !

— Oui, je sais ! au fait, c'est quoi cette histoire de mariage pour tes enfants ? Je n'étais pas encore né, et toi, pas encore mariée !

Mariage arrangé

Mon copain et moi, avons prié le ciel, à travers nos larmes, et, de peur, avons juré de marier l'un de nos enfants à la famille de l'autre, puis, la vie nous a séparé, à ce propos, il y a un très beau tableau, créé d'après la pensée d'un lieutenant - colonel, médecin, nommé Mc Crae, qui en mille neuf cent quinze, a fait coïncider les champs de bataille, avec les champs de coquelicots, lorsque la tombe de son ami, mort au combat, fut recouverte de ces fleurs, c'est ce phénomène qui lui inspira sa célèbre « au champ d'honneur », puis Mona Michael, en entendit parler, elle décida, alors, de porter un coquelicot en mémoire aux soldats ayant donné leur vie pendant la guerre, cette tradition vit jour en mille neuf cent vingt, en France, lorsque madame Guérin, visitant les USA, décida, en rentrant, de fabriquer des coquelicots, pour récolter des dons pour les enfants des régions dévastées par la guerre !

— Et qui doit se marier, alors, puisqu'Édouard est fiancé ?

— Normalement toi, mais ce n'est pas fait ! ta vie passera avant la mienne, ne t'inquiète pas !

— Il a une fille ton copain ?

— Oui, plusieurs, pourquoi ?

— Pour voir comment elle est ma fiancée ! je te préviens, si elle est laide, je ne l'épouse pas !

— Ho là, tout doux, mon fils, qui te dit que tu vas épouser une fille, sans amour ? Tu n'as pas à payer pour les erreurs de ton père ! Pour les années à venir, tu as à vivre comme les enfants de ton âge, ensuite, nous aviserons ! ne te tracasse pas, ce n'est pas mon but de te faire rembourser mes dettes, tu seras heureux, tel que tu le souhaiteras !

— Alors, j'accepte de tenir ta promesse, car si j'ai un père comme toi, aujourd'hui, c'est grâce à Dieu ! on verra ! Ça ne me dit pas pourquoi tu m'as reconnu aujourd'hui.

— Parce que, aujourd'hui, nous devrions être cinq, si la guerre m'avait laissé près de ma famille.

— Parce que je n'aurais pas imposé un divorce à ta maman, pour qu'elle ne souffre plus de mes départs sur tous les fronts, pour qu'elle puisse refaire sa vie, si cela lui était possible, je lui ai rendu sa liberté, ainsi que la tienne, à vous qui ne m'avez jamais demandé ce sacrifice, mais qui l'avez subi !

— Donc je demandais le divorce, qui fut effectif le vingt-sept février mille-neuf-cent-dix-neuf, nous ne nous sommes pas séparés immédiatement, c'est ainsi, que, dans les larmes d'amour, nous t'avons conçu, tu es né le vingt-sept février mille neuf cent vingt, entouré de tes parents, amoureux comme jamais !

— Je suis né dans une famille de fous, mais ça me plaît ! et j'épouserais cette fille, tu as combattu pour les Français, donc, pour nous ! j'assumerais, comme tu l'as fait, en remerciant Dieu. (Sauf si la fille est moche !)

On rentrait, la conversation se termina là dans un grand fou rire. Mais, avant quoi, Michel tint à répondre à une question cruciale de son fils :

— Je dois enfin avouer que je demandais le divorce, contre la volonté de ta maman, prétextant nos mésententes dues à mes départs répétés. En tant que militaire de carrière, ce fut prononcé le vingt-sept février mille neuf cent dix-neuf. C'est bras dessus, bras dessous que nous sommes sortis de la salle d'audience ! Et, malgré mes départs récurrents, nous sommes restés ensemble ! Ce qui laissa du temps à ta maman, pour retourner en métropole, voir ta grand-mère, à Montpellier, et continuer à chercher Nonna, qui, elle, avait vraiment disparu !

De ce fait, elle m'avoua avoir revu ce vil monsieur Jean, ici, où il vint voir ses frères, et leur annoncer le décès de son petit Marius, il pleurnicha dans son giron, sur l'épaule d'Angèle, qui, seule, se laissa attendrir une nouvelle fois, elle avait besoin d'être rassurée sur sa féminité, conséquence de mon simili abandon, cette trahison lui fit perdre la tête à son tour, et elle ressombra, enveloppée des belles paroles de cet homme, qui lui fit une petite fille : Marguerite, qu'elle confia à la DDASS, le cœur en vrac, pour protéger notre famille. Faute avouée est toujours pardonnée, surtout que le mal venait de ma bêtise !

Cette journée de remariage fut une réussite absolue.

La Seconde Guerre montrait des dents, aussi, le couple recommençait-il à trembler ! Charlot continua ses études avec brio, il réussit même à obtenir son certificat d'études, malgré son caractère toujours taquin, la puberté, Michel qui repartit faire une période d'exercices, fut aux arrêts à Blidah en mille-neuf-cent-dix-neuf, à cause de sa rébellion à sa réincorporation un an après son remariage, puis il passa en réserve territoriale, enfin, ayant offert sa vie entière à l'armée, il fut libéré du service le quinze octobre mille-neuf-cent-trente-quatre.

Charlot-Charles

Charles travaille comme vendeur dans une quincaillerie, tenue par une dame, veuve du propriétaire initial, Gustave, qui mourut en sauvant un ami de la noyade, à la plage de Mustapha, en mille-neuf-cent.

Gentille, mais très énergique, elle mène son commerce tambour battant, tout Alger connaît ce magasin, qui se multiplia ensuite, tenu par un fils Henri. L'enseigne se nommait : » Veuve Cote et compagnie » Le matin, très tôt, le jeune homme allait sur les marchés, aider pour décharger les victuailles, afin de se faire un peu d'argent de poche, pour aider sa mère, trop souvent seule, et lui, pour se payer un poste de radio « Radiola », afin d'écouter ses chers concerts classiques, diffusés deux fois par semaine à l'initiative de Paul Colin, puis, Victor ; enfin, radio-Alger est annulé et repris par la poste, soit radio PTT du gouvernement général, sous le nom de : Radio-Algérie.

En vérité, tout est calculé,
Tout a un sens, même s'il échappe
Aux humains.
Tout a un but, souvent occulte, qui
Préside aux évènements apparemment
Parfaits aux rencontres, aux coïncidences.

M. de Grèce

Charles allait danser, passionnément, tous les samedis soir, et jours fériés, ou bien, il allait au cinéma le Montpensier, vers la casba ou bien au Lynx ou au Rio, au centre-ville, il était solitaire, sauf pour aller jouer au « foot » avec ses voisins, de temps à autre, pour s'entretenir physiquement et socialement, rêveur, ses pensées le menaient toujours vers son devoir à accomplir. Ayant travaillé son père intelligemment, il avait su où habitait la famille de sa « future épouse », et avait louvoyé dans le quartier, tentant de voir la jeune fille, d'allure classique, plutôt jolie, enjouée, blonde, elle ne lui déplaisait pas, bien que ce ne fut pas le coup de foudre dont il rêvait, gamin ! il ferait son devoir de fils, si elle l'acceptait !

Il suivit la demoiselle quelque temps, quand, enfin, il osa l'aborder, il connaissait ces habitudes et son prénom.

Il se décida à l'aborder un petit mois après, les quelques salutations de tête, de loin, un beau matin, se glissant sur son trottoir, il osa un « bonjour ! » qui lui fut rendu, avec un large sourire engageant.

Ils se « croisaient souvent, jusqu'au jour où, il la rattrapa, au sortir du marché, il la délesta de son sac trop lourd, proposant un petit café en terrasse, elle accepta.

Elle était la première femme à qui il faisait la cour, si on peut appeler une pré- adolescente de quinze ans, « femme », quant à lui, tout jeune adulte de dix-huit ans, malgré ses yeux noisette-vert, caressants, ses bonnes manières et ce rire coquin qui secouait son jeune corps mince et musclé par le football, il ne laissait pas les femmes indifférentes, mais seule comptait sa famille !

Alors, un peu gauche, il laissait parler Aline, elle avait la langue bien pendue, ça tombait bien ! elle était nerveuse : son premier café avec un garçon ! Elle parlait, elle riait, il faisait beau, il la regardait comme s'il devait la peindre, attentif, muet, enfin, il se présenta.

Il ne rentrait pas dans les détails, mais osait demander un rendez-vous prochain, avant de se sauver vers son travail, où il 'était déjà en retard, ce qui ne lui 'était jamais arrivé, et donc, le contrariait. Ce qu'il considérait comme un manque de respect à son employeur passa très bien pour ces quinze minutes récréatives, il soufflait !

Il attendait de revoir Aline, avant d'en parler à la maison.

Ils devaient se retrouver devant le jardin d'essai, un endroit où il aimait aller flâner, et, a priori, Aline aussi, donc, devant l'immense sculpture de deux amis se tenant la main, il la retrouva, toute petite dans un tailleur clair, qu'elle avait sans doute emprunté à sa sœur, pour se vieillir, il remarqua de suite ses chaussures, car il mettait moi-même un point d'honneur à porter les miennes, brillantes comme des miroirs, il lui en fit compliment et la taquinait sur ses chaussures à petits talons, lui disant qu'il allait lui offrir un landau avec une poupée, ainsi, elle pourrait, du haut de ses quatorze ans et lui, de ses seize ans, pourraient jouer aux parents promenant leur progéniture, ce qui l'énerva considérablement !

Ils se revirent souvent, elle était mimi, se redressait de toute sa hauteur, pour se faire passer pour « sa femme » quand il la tenait par l'épaule, ils allaient faire des courses, en jouait aux « grands », ils étaient rouges de plaisir quand on leur disait : messieurs-dames ! et puis, ils allaient se promener, et c'était bien : l'insouciance ! La jeunesse, le jardin d'essai ! Ils longeaient la grande allée centrale, puis contournaient le plan d'eau par son allée en amphithéâtre, qui les menait au sous-bois, avec ses immenses arbres, où ils se cachaient à l'intérieur des troncs gigantesques, près du lac aux plantes aquatiques, c'est là où ils ont entamé leur histoire par de premiers ébats intimes, dans la pénombre des végétaux millénaires.

Il ne lui avait jamais parlé de ce qui l'avait poussé vers elle, il ne parlait pas à ses parents de leur histoire, il les trouvait fragiles, à l'époque, ils avaient respectivement cinquante-quatre ans, pour son père, et quarante-huit, pour sa mère ; qui se doutaient de quelque chose ! Mais il les trouvait trop âgés pour leur resservir une soupe réchauffée, il désirait, pour eux, un aboutissement d'existence tranquille, ils méritaient bien cela, après cette vie de pleurs et de batailles !

Maman, à l'affût, un soir de retour au bercail, le prit à part, elle le regarda bien en face et dit :

— Charles, je pense que tu vois une fille, c'est de ton âge, mais si vous avez des actes amoureux, intimes, prends tes précautions, tu es trop jeune pour devenir père !

Rouge comme un homard, il la rassura en lui disant que « SI » je devais fréquenter une fille, je la respecterais !

Cachotterie

On en resta là, puis nous devenions adultes, je devais me décider, car nos rendez-vous devenaient torrides, j'avais un devoir à assumer, Aline l'ignorait elle ? Nous ne l'avions jamais abordé !

Le soleil brûla intensément nos corps, notre imagination, et le cheminement de notre devenir. Elle ne me posait aucune question, vivait nos bons moments avec délectation, j'étais étonné de ne jamais entendre parler de sa famille, alors que de mon côté, les miens se renseignaient, intrigués, me conseillaient pour ne pas mettre leur fils en fâcheuse posture lors de sa première histoire (amoureuse).

La décision

Tout mariage est un subtil alliage de mort et de résurrection

C. Bobin

Plus le temps passait, plus notre petit couple prenait l'habitude de se retrouver, plus Charlot était en réflexion sur son avenir d'homme, couplé à la promesse de Michel !

Il devait épouser cette jeune fille, avant que leur fougue les écrase d'ignominie. Il attendait donc, de pouvoir prétendre au mariage, en ayant l'âge le plus proche de la légalité, pour faire sa demande à la jeune Aline, qui en rêvait, tant la découverte des pulsions qui les attiraient l'un vers l'autre les torturait, et le fait de prendre son autonomie de femme, auprès de ce Charles, la ravissait !

Le jeune homme avait calculé qu'il leur faudrait attendre mille-neuf-cent-trente-neuf pour convoler en justes noces, cela lui permettait de préparer sa demande, ainsi que l'annonce aux parents, trouver un toit décent et meublé, et faire les papiers administratifs. Le futur « chef de famille » faisait des heures supplémentaires, pour offrir un beau mariage à sa future épouse.

Un beau soir de printemps, il rentra chez ses parents avec un beau bouquet de fleurs, il avait pris sa décision, Aline était heureuse, il devait prévenir la famille !

Il attendait l'exclamation ravie de sa mère, les yeux pleins d'émotion et de suspicion de son père, c'est ainsi que tout se passa, Angèle regarda son fils avec amour et les mots fusèrent de sa bouche, ces mots que Charles appréhendait :

— Ho, merci, mais… en quel honneur devons-nous ce merveilleux bouquet ?

— En l'honneur du mariage de votre fils cadet, chers parents !

Angèle se mit à tanguer, pâlir, Michel la rattrapa au vol, s'assit sur une chaise et la bloqua sur ses genoux, elle débita des mots à n'en plus finir, Charles s'assit face à eux, et attendit que le calme se réinstalle, pour répondre à cet amas de questions.

Il endigua ce déchaînement verbal lorsqu'il vit ses parents exsangues, lui dire qu'il « était inconcevable de se marier si jeune, et qu'ils s'y opposaient ! »

Il n'eut qu'un mot : le nom de sa promise, à ce moment, il vit deux visages inondés de larmes, puis des spasmes de pleurs, puis des cris de douleur, alors, il fit cesser la torture par une phrase qui n'attendait pas de réplique, et qui laissa coi les deux personnes qu'il aimait le plus, cela fusa de sa bouche :

— On se fréquente depuis plus d'un an, on se plaît ! Elle sera ma femme !

Le vrai bonheur coûte peu s'il est cher, il n'y est pas de bonne espèce.

Chateaubriand, *Mémoires d'outre-tombe*

Aline qui attendait la conclusion de l'affaire, dans le jardin d'Essai, rongeait son frein et l'embrassa au vu et au su de tout le monde, dès qu'il apparut, souriant.

Pendant quelques mois, ils vadrouillèrent dans la ville pour trouver leur nid, et le meubler, ils trouvèrent enfin une tenue pour le grand jour, tous deux s'habillèrent sobrement, costume et tailleur clairs, afin de pouvoir s'en resservir les dimanches et jours de fête, ils étaient heureux, en attendant l'âge légal pour se marier, moins de dix-neuf ans pour les garçons quant aux filles, dès treize ans, donc, Aline était dans les temps !

Lorsque ces deux-là montèrent leur dossier à la mairie, ils furent regardés comme des animaux de foire, chez Charles, la pilule était passée, on préparait même la noce, crayon et papier en main, il manquait simplement un détail énorme : que prévoyait la famille adverse ?

Aline nous mena un jour, rue Fontaine Bleue, où avait résidé sa famille, des gens déménageaient, ils nous aidèrent à rencontrer le propriétaire, qui nous fit confiance ? C'est ainsi que nous eûmes notre nid, au numéro cent.

J'étais ravi, c'était proche de mes parents, vu du trottoir, se profilait une terrasse couverte de feuillage, et entourée d'une rambarde bleu ciel, le rêve ! et la première démarche faite en commun ! Je soufflais, ma « fiancée » avait du répondant ! Je me réjouissais aussi que mon « devoir » soit si agréable. Néanmoins, ma mère pleurait, je la prenais dans mes bras, et elle disait, pour me rassurer : « Ce sont des larmes de joie ! » Papa rangeait vite son mouchoir, disant qu'il était enrhumé, je l'emmenais boire un café… Le temps passait…

Ce texte d'un auteur inconnu s'impose, le voici :

J'avais peur…

J'avais peur d'être seul, jusqu'à ce que…
J'ai appris à m'aimer moi-même.
J'avais peur de l'échec, jusqu'à ce que…
Je me suis rendu compte que j'échouais si je n'osais pas.
J'avais peur que l'on me repousse, jusqu'à ce que…
J'ai compris que je devais croire en moi-même.
J'avais peur de la douleur, jusqu'à ce que…
J'ai appris qu'elle était nécessaire pour grandir.
J'avais peur de la vérité, jusqu'à ce que…
J'ai découvert la laideur des mensonges.
J'avais peur de la mort, jusqu'à ce que…

J'ai appris qu'elle n'était pas une fin, mais
un commencement.
J'avais peur de la haine, jusqu'à ce que...
Je me suis rendu compte qu'elle n'était pas
autre chose que de l'ignorance.
J'avais peur du ridicule, jusqu'à ce que...
J'ai appris à rire de moi-même.
J'avais peur de vieillir, jusqu'à ce que...
J'ai compris que je gagnais en sagesse, jour après jour.
J'avais peur de ce que les gens pensaient de moi, jusqu'à ce que...
Je me suis rendu compte que de toute façon
Ils auraient une opinion de moi.
J'avais peur du passé, jusqu'à ce que...
J'ai compris qu'ils ne pouvaient plus me blesser
J'avais peur de l'obscurité, jusqu'à ce que...
J'ai vu la beauté de la lumière d'une étoile.
J'avais peur du changement, jusqu'à ce que...
J'ai vu que même le plus beau papillon
devait passer par une métamorphose.
Que nos vies soient chaque jour plus riches,
et si nous nous sentons défaillir...
N'oublions pas qu'à la fin, il y a toujours
quelque chose de plus et de plus beau.

Voilà, un peu, l'état de mon moral en suspend du grand jour !

Le grand jour
Trois septembre mille-neuf-cent-trente-huit

Enfin, tout se passa très vite, la mairie, où je retrouvais Aline, sous les arcades du boulevard de la république à Maison carrée, nous rentrâmes après avoir pris un grand bol d'air devant le merveilleux panorama du front de mer, où, seuls mes parents et nos amis-témoins étaient présents, la petite fête instaurée par ma famille et mes voisins.

Notre nuit de noces nous modela en adultes, le début : timides, un peu gauches, les gestes vinrent grâce à notre jeunesse, le désir nous réunit fougueux, et nous imposa un amour que nous ignorions jusqu'alors, comblés, notre réveil nous trouva enlacés.

La vie prit un chemin doux et lancinant, nous petit déjeunions ensemble le matin, et je partais travailler, après avoir embrassé ma femme, qui, au début, s'occupait de tenir notre demeure, les courses, le linge, les petits travaux ménagers, jusqu'à ce que je rentre, là nous nous embrassions, parlions, riions sur la terrasse, où nous dînions tardivement.

Les week-ends, nous allions visiter mes parents, ou bien c'étaient des promenades au parc : une vie de couple paisible !

Ma femme me traînait, devant chaque vitrine de puériculture, tant et si bien, que ça en devenait gênant, car notre couple restait stérile ! Était-ce l'angoisse d'être père ? Ne pas savoir aider Aline avec le bébé, et, qu'elle souffre à cause de moi, pour l'accouchement ? Ou bien la peur de ne pas assumer pécuniairement ?

Noël arriva, nous eûmes notre sapin de Noël sur la terrasse, et nous passâmes le réveillon chez mes parents, ravis. Le vingt-cinq était un lundi, nous avions donc fait une grasse matinée, avant de courir ouvrir nos cadeaux, j'avais mis un peu d'argent de côté à cet effet, grâce à quelques heures supplémentaires au marché, d'où je partais ventre à terre chez « Veuve Cote », mais j'étais fier de la petite bague que ma femme lorgnait en vitrine !

Quant à Aline, elle m'avait tricoté un gilet sans manches, c'était un beau jour !

Malgré tout, nous étions moroses, l'espoir de fonder une petite famille ne nous était pas encore attribué, je commençais à me demander si ce n'était pas de ma faute ! je désirais faire plaisir à ma jeune femme, qui rêvait tant d'un joli bébé rose à pouponner, quant à moi, la tentation d'être le « papa » d'un petit, me tentait aussi, je n'osais pas en parler à mes parents qui m'auraient dit, affolés : que nous étions bien trop jeunes !

Le traintrain quotidien reprit, calme, jusqu'au jour ou Aline me présenta une paire de chaussons blancs, minuscule, près de mon assiette, ce fut mon cadeau de Saint Valentin ! Mon cœur bondit dans ma poitrine, je regardais ma femme, toute petite, perplexe : blague ou cadeau ?

Je portais mes yeux sur son ventre, il était plat ! Ma petite femme, alors, s'approcha et posa ma main sur son ventre, qui était légèrement bombé, je fus pris d'un sursaut de bonheur et la soulevant du sol, je l'entraînais dans une valse de joie, la reposant, sur sa demande, je la couvrais de baisers, alors elle me regarda, et dit :

— Comment va-t-on l'appeler ? Je lui répondis que c'était un peu tôt pour y penser, mais elle me fit remarquer qu'il ne restait plus que huit mois, je rétorquais qu'elle portait notre enfant, alors, à elle de choisir !

En effet, à cette époque, les hommes n'étaient pas tenus aux faits des signes avant-coureurs des grossesses. Aussi n'avais-je pas remarqué les matins difficiles ni les manques menstruels de ma femme, dès le jour de cette merveilleuse annonce, je repeignais tous nos murs de blanc immaculé.

Je courrais derrière Aline dans les magasins de layette, de landaus, je la surveillais comme le lait sur le feu, par peur d'un malaise, de ce fait, nous allions moins chez mes parents, qui commençaient à me poser des questions, lorsque je passais, seul, les embrasser (ma femme n'avait jamais autant attrapé froid) de plus, Aline portait un petit bidon de plus en plus proéminent, fièrement, moi, elle m'inquiétait, je la trouvais si fragile !

Jusqu'au jour, ou, les deux femmes de ma vie se croisèrent au marché, tous me mirent à l'index ! seule, une lettre à chacune calma ma honte, et les dimanches en famille reprirent de plus belle, les deux « mamans » tricotaient de concert, mon père m'aida à construire le berceau de l'enfant-roi !

Lorsque le sujet du prénom fut évoqué, tout le monde fut étonné, car Aline ne nous présenta que des prénoms masculins… Et si… non, ce sera un garçon, elle en était certaine ! Moi, ça me convenait bien, mais… si… bof, le principal que ma femme ne souffre pas et que l'enfant soit en bonne santé !

Je n'avais toujours pas vu sa famille, ma femme disait que tous étaient décédés, donc, il n'y avait pas lieu de remuer le passé douloureux !

Aussi, dès que possible, je l'emmenais à l'opéra, au cinéma, au parc, où elle était fière de montrer son ventre bien rond.

Moi, j'étais fier également, mais la peur de sa souffrance à venir, et ses longs mois qui l'exténuaient, je le remarquais ! Et j'en avais honte !

Ma mère, sans que je lui en parle, me rassurait, expliquant qu'il se disait qu'un enfantement était un mal joli, quand ça passait, on l'oublie !

Oui, mais en attendant… j'étais fier de ma femme, donc, des femmes en général, bien plus fortes que nous, je me demandais si un homme pourrait endurer grossesse et accouchement sans une plainte, tête haute !

Chère enfant, si tu savais tout ce qui t'attend !
Probablement que tu fuirais en courant !
Et pourtant...
Toutes ces souffrances t'ont appris quelque chose d'important.
Chacune d'entre elles t'apportait un cadeau
Mais quand tu le vivais, tu ne comprenais pas trop
Pourquoi la Vie semblait te malmener ainsi
Et pourtant, ça prend tout son sens aujourd'hui.
Chacun de tes bourreaux était un grand maître
Qui contribuait à te montrer ta raison d'être
Car tu t'éloignais si souvent de ta mission
Et chaque fois, ils te ramenaient à la maison.
Bien sûr tu n'as pas souvent compris
Ce que chacun faisait dans ta vie ;
Mais aujourd'hui, avec le recul, tu sais
Qu'il fallait que tu vives ce qui est.
La Vie savait ce dont tu avais besoin
Pour qu'enfin tu apprennes à prendre soin
De l'enfant que tu étais et que tu portes toujours
Et qui a tellement besoin d'amour.
Car ce n'est pas l'âge qui détermine ta maturité
Mais plutôt la compréhension de ce qu'il te faut éprouver
Pour que ton cœur s'ouvre enfin
À tout ce qu'il contient d'amour sans fin.
Tu n'aurais sans doute pas choisi le même chemin
Tu aurais peut-être opté pour un autre destin
Pourtant ce que tu vis aujourd'hui
C'est ce qu'il te fallait, même si tu ne l'as pas choisi.
Avec le temps tu finiras par comprendre
Que dans la vie il n'y a rien à prendre
Il y a tout à donner et tout à apprendre
C'est ce qui finit par rendre un cœur tendre.
Te voilà adulte et responsable
Et pourtant tu te sens encore coupable

De ne pas avoir toujours réussi
Tout ce qui faisait ton envie
Mais sache que tout est parfait,
Que tu as vécu ce qu'il fallait
Et quand bien même tu résistes à ce qui est,
La Vie sait toujours ce qu'elle fait.
Alors, continue de grandir
Continue de mûrir
Car tout comme tu as appris à marcher
Ainsi tu apprendras à aimer.

Diane Gagnon
Mille-neuf-cent-trente-neuf en novembre

Voilà ce à quoi je songeais en accompagnant ma petite femme, dans ses rêves et ses souffrances ! Mais, le temps passe très vite quand, un mardi de novembre, je rentrais du travail à ma pause déjeuner, je fus affolé de constater qu'Aline se tordait de douleur, devant une tasse de tisane, me sentant inutile face à son visage crispé, et ses yeux cernés de noir, qui lui mangeaient le minois, je voulais la mener à l'hôpital, elle refusa, disant que c'était trop tôt, je capitulais, en m'en retournant travailler, mais, je passais voir ma mère, la priant d'aller chez moi, avant la fin de ma phrase, les clefs tournaient déjà dans la serrure !

Je partis vers le travail le ventre creux, mais rassuré, essayant d'éviter les flaques de pluie, en une petite foulée, pour me détendre sans transpirer, car novembre est pluvieux à Alger, mais la moiteur y règne par les températures estivales, encore vivaces.

Mardi onze octobre mille-neuf-cent-trente-neuf

Toute la journée, je traînais, une boule au ventre, avec hâte, je rentrais chez nous le mardi soir, j'y retrouvais ma petite femme, assise sous les claies de la terrasse, une tasse de tisane devant elle, blême, les mains crispées sur son ventre, je lui proposais de faire le dîner, ce qu'elle refusait, disant que ce n'était pas recommandé, au cas où elle aurait besoin d'une césarienne, il lui fallait être à jeun, moi, je ne pouvais rien avaler non plus. Je refusais l'idée d'une possible opération sur mon petit bout de femme !

Des heures et des heures à me ronger les sangs, à entendre gémir mon Aline, à angoisser pour elle, pour notre enfant aussi, car j'avais lu des livres ; empruntés à la bibliothèque, sous les regards moqueurs des lecteurs ; expliquant que les pires douleurs et angoisses venaient à la naissance étouffées, écrasées, au sortir de leur élément : eau de la matrice au passage de l'utérus, puis du vagin où il doit respirer par lui-même, assourdi par les sons inconnus, compressé comme dans un boa constrictor, aveuglé par la lumière du jour et des lampes, la faim, la soif à assouvir, le touché sur le corps : l'horreur !

Lorsque, vers vingt heures, je vis Aline se ruer vers une serviette de bain en pleurant, je la suivais en lui demandant ce que je pouvais faire, elle me repoussait en criant : « Va-t'en ! »

Je refusais, la retenant contre moi, c'est à ce moment-là seulement que je compris, elle reprit une autre serviette qu'elle glissa entre ses jambes, à la place de la première, qu'elle laissa tomber au sol dans un sourd bruit de chute d'eau. Elle perdait les eaux et ne voulait pas que j'assiste à ce moment délicat.

Je dus prendre le taureau par les cornes, afin qu'elle me laisse la changer le temps que la poche des eaux soit vidée.

À ce moment, je sortis jusqu'à la borne des taxis, en en ramenant un à notre porte, un brave homme de chauffeur m'aida à faire descendre ma femme doucement, dans les escaliers, l'installa confortablement à l'arrière, il tint la conversation jusqu'à l'hôpital Mustapha, nous expliquant l'histoire de cet hôpital qui fut construit en bas de la ville, sur un lieu appartenant aux héritiers du bey, en mille-huit-cent-cinquante-cinq, il fut inauguré sous le nom Mustapha Pacha. Il y fut intégré une faculté de médecine, le drôle de l'histoire est que étudiants et professeurs furent logés quatre, rue René Caillé (lieu du « cabaret » louche dit le Chat Noir, haut lieu de débauche de la fratrie Denza, l'amoureux de maman. Puis, pour désengorger les locaux, on ouvrit les portes cinq rue Scipion, enfin, la première femme musulmane Aldjia Nourredine, épouse Benallègue, est professeur en pédiatrie, ce qui regroupe tous les étudiants dans un lieu unique, définitif dans un édifice neuf au lieu-dit « Champ de navet » situé au camp d'Isly.

L'inauguration en novembre mille-neuf-cent-quatre-vingt-sept par le gouverneur Tirman. Avec ce bavardage intéressant, nous sommes arrivés devant l'entrée du pavillon « la cigogne », Aline fut prise en charge, de suite, auscultée, le médecin de garde nous annonça une naissance rapide. On me fit attendre dans un couloir, où d'autres hommes tournaient en rond comme des ours en cage, l'atmosphère était tendue ! Grâce aux petits à-côtés que je faisais de-ci, de-là : peinture, jardins, réparations, etc. J'avais réussi à soudoyer un homme du personnel soignant en obstétrique, pour que ma femme ait un coin à elle excentré des longues files de lits, l'attente était infernale, on était tous copains du jour, nous sortions deux par deux, fumer dehors, les autres ayant ordre de venir nous chercher au cas où…

À peine rentré vers dix heures trente du soir, qu'enfin, une infirmière vint me chercher, souriante, rassurante : la mère et l'enfant vont bien, monsieur !

Un siège me recevant, mon cœur battait, mais je soufflais, elle m'entraîna vers une porte bleue après m'avoir giflé et donné de l'eau sucrée.

Rencontre père-fils

Je rentrais sur la pointe des pieds, je regardais intensément ma femme, puis le berceau, près d'elle, qu'elle couvait du regard.

Aline me fit signe d'approcher, j'étais un petit garçon devant les cadeaux, sous un sapin de Noël !

Doucement, j'allais embrasser Aline, puis, à petits pas j'avançais vers le berceau, je vis un petit être plein de cheveux bruns, rouge, les poings fermés, il dormait, sa maman surveillait la scène du coin de l'œil, comme le faisait ma mère quand un intrus me parlait.

Revenant auprès de ma jeune épouse, je m'assis au bord du lit, caressant sa main de ma grande patte, mes yeux brillaient, une boule gonflait ma gorge d'émotion, puis le temps s'arrêta, un cri retentit du berceau, sa maman me demanda de lui amener « Paul », hé oui, j'appris ainsi que nous avions un fils !

Devant mon fils qui geignait, je pris une profonde inspiration, ma femme, riant, me rassura :

— Il ne va pas te manger, va !

Alors, je secouais mes angoisses et, maladroitement, je soulevais mon fils, le regardait sous toutes les coutures, étonné qu'il puisse être si grand et potelé, fièrement, je le posais dans les bras de sa maman.

À cet instant, je réalisais combien mère et fils étaient liés.

Ma place était près d'eux, pour protéger cet amour inextinguible, dont j'étais biologiquement l'auteur, le créateur et spectateur.

Cette force fragile à jamais jumelée, moi, le père, dont le sang bouillait, et ma vue brouillait, j'étais tout petit, mais si grand était mon cœur et ma peur envahissait ma vie et ma fierté en ce tableau ; un bébé !

Mon fils, mon aîné !

Il est si petit, si parfait, mon sang, celui de mes pères, j'ai peur pour lui, pour sa mère, l'orage gronde sur la terre, on parle de guerre ! Je les défendrais de ma vie, je le sais, mais qu'ils ne souffrent jamais !

Je prie, puis je viens vers cet autel d'amour, pour recoucher mon fils, sans oublier le rot libérateur ! Aline me regarde, étonnée :

— Tu sais t'occuper d'un enfant ? me dit-elle, soupçonneuse, je prends sa main, que j'embrasse en répondant :

— Oui, madame, j'ai, parfois servi de nounou pour des amies de ma mère ! pour m'acheter des billes ! jalouse !

Je la provoquais, car j'adorais nos chamailleries, qui se terminaient en éclats de rire, et là, j'en avais bien besoin, pour ne pas lui confier mes angoisses, pour nous mettre à l'abri, en cas de guerre

Je voulais qu'elle se repose dans ces murs édéniques, après le cadeau qu'elle venait de m'offrir.

Je sortais de l'hôpital lorsque mes parents y rentraient, ils me prirent dans leurs bras débordants d'amour, nous pleurions tous trois, trente minutes plus tard, je pus enfin dire :

— J'ai un fils, il s'appelle Paul, Aline va bien, puis je me mis à courir pour ne pas refondre en larmes, je passais chez moi, faire un brin de toilette, puis, je pris le chemin du travail, mes pas étaient lourds, je marchais comme dans du coton, au ralenti, quand je passais la porte du magasin, mes collègues se ruèrent sur moi, m'embrassant, des tapes dans le dos, les femmes pleuraient, les hommes me félicitaient, sans qu'un mot ne soit sorti de ma bouche !

Mon copain Edmond m'expliqua :

— Sachant ta femme enceinte, vu la tête que tu avais en arrivant, ça disait ta nuit !

Paul

Chaque jour, me voyait courir pour acheter des gâteaux et des fleurs, puis, dès mon repos, je me précipitais vers mes deux « moi », je ne vivais plus que pour ces moments de retrouvailles ! Je fuyais la maison, je m'y sentais trop seul, jusqu'au jour où Aline m'annonça qu'elle était sortante le lendemain, après la visite de contrôle du matin, en quittant le service obstétrique, je marchais sur des nuages, tout se bousculait dans ma tête :

— Faire le ménage à fond, pour la santé de ma petite famille, les courses, prévoir un taxi, car : hors de question de faire transporter ma petite famille en ambulance ! Elles étaient rares, donc, très utilisées par des gens atteints grièvement.

J'eus droit à un jour de congé, aussi, je prévenais mes parents, qui, si fiers d'être grands-parents, d'un superbe petit garçon, se préoccupèrent de mes soucis ménagers, afin que j'aille profiter du dernier jour à l'hôpital, avec mes amours. Au fond de moi, la joie jouait au yo-yo, comme une vague déferlante, je tentais de garder un air digne, qu'Aline déjoua sans peine ! Je restais près de Paul pendant l'auscultation de sa maman, par-dessus son berceau, je le regardais en lui caressant sa main, si douce, en chantant une berceuse qui venait du fond de mes souvenirs, de la voix de ma mère, je priais le ciel de me donner force et courage pour le protéger toute ma vie durant.

Aline rentre à pas de loup, je lève la tête, elle nous regarde, attendrie, puis tout s'enchaîne, une jeune infirmière arrive et amène les affaires de ma femme, nous bousculant pour prendre l'ambulance… Vous comprenez, une parturiente arrive !

Je calmais d'un clin d'œil, le regard affolé de ma femme, lui prenant sa valise, je l'aidais à descendre l'escalier avec notre fils dans les bras, pour rejoindre notre taxi.

Arrivés devant notre porte, une vague immense nous envahit des youyous de joie et de félicitations, si intenses que cela réveilla Paul, et nous vit prendre possession de notre domaine, les yeux humides, plus nous montions les marches, plus une odeur alléchante, de cuisine nous titillait les narines ?

Je dis à Aline : « Des lutins sont passés par là ! » En effet, la maison reluisait, dans la chambre, une table à langer trônait près d'un portant installé par des mains masculines expertes, dessus : sur des cintres nains, pendaient des vêtements de bébé sur l'étagère des carrés de coton bien repassés, des bavoirs, chaussons de laine tricotés, au bout s'entassaient même des boîtes de lait en poudre et des biberons, je pleurais de reconnaissance ! Mes parents, à qui je devais tant d'années de bonheur, venaient de faire encore des miracles, là où je n'avais pas pu assumer tout ce confort, pour ma petite famille. Aline regardait, éberluée ! Elle désirait aller remercier ses beaux-parents à l'instant, je l'en empêchais, il fallait s'occuper du petit et de son repos à elle ce soir-là, nous irions demain !

Suivant l'appel du ventre, nous nous sommes retrouvés dans la cuisine où une cocotte en fonte était posée sur la desserte, dès le couvercle soulevé, l'odeur et la vision du célèbre « osso-buco » de maman remplit nos narines, nos ventres criaient : « Pitié ! »

Des petites bougies bleues au sol, nous menèrent sur notre terrasse où la table était dressée, une fois assis, la pression retomba de ma poitrine, j'étais bien, ma femme et mon fils étaient à l'abri sous notre toit.

La soirée fut douce, tranquille, la tendresse régnait, palpable, lorsque mon fils se fit entendre, je me précipitais pour aller le chercher, il passa sa première soirée avec nous, quant à notre nuit à trois, je ne pus m'endormir, je me levais toutes les trois heures, changeais Paul, et l'amenait à sa maman, puis le gardais bien droit contre moi, pour évacuer l'air ingurgité, je le changeais et le recouchais, le petit matin me trouva ivre du manque de sommeil, mais j'étais heureux, ma femme était reposée, Paul reconnaissait mon odeur, ma voix, et surtout, il était vivant ! J'étais traumatisé par un documentaire sur la mort du nourrisson, aussi, je préférais veiller tant que je le pouvais !

Aline me posa la question que je redoutais, car elle avait eu vent des actualités par certains visiteurs peu scrupuleux : « Tu crois que nous allons subir la guerre ? » Je la rassurais par un mensonge, mais cela me retourna les sangs, depuis peu, les journaux ouvraient les vannes sur les non-dits, concluants les Algérois dans cette terrible boucherie.

Les jours et les nuits filaient à l'allure des chevaux alezans, parallèlement à l'épanouissement de notre fils qui poussait comme un champignon long et dodu, grâce au lait de sa maman, puis des premiers biberons épaissis par la bouillie que ma patronne offrait à tous ses employés qui devenaient parents.

J'avais écrit à mon frère, Édouard qui vivait à Marseille, afin de lui confier mes angoisses, car j'étais méfiant et ne me livrais à personne, pour Noël, il m'envoya une carte qui, à mots cachés me laissait entendre que sa maison était la mienne, si l'envie de voir la France, ça me rassura un peu, car Édouard était très droit et débrouillard, il ne m'entraînerait pas là où ma vie serait à craindre ! (Sous-entendu, celle de ma famille.)

Je faisais lire cette lettre à ma femme, pour la préparer à ce départ, qui, sans m'ôter le nuage de la guerre, qui planait sur tous, mais, qui, au moins, calmait mes désespérances abyssales.

Aline abonda vite à cette perspective de voyage, nous étions jeunes, Paul poussait en santé, alors : pourquoi pas l'aventure ! à condition de passer Noël ici ! Ce qui ne pouvait se faire, mais… Chutttttttttttttttttt !

Nous avions décidé de partir en bateau, cela me permettait de ne pas déroger à la règle familiale, et à me replonger dans les pas de ma mère et mon frère, pour Aline, c'était la découverte de l'Amérique ! et pour Paul, c'était le bon air du large, tout était parfait, sauf la peine de quitter mes parents, qui comprenaient ma motivation ! nous avons réussi à obtenir des places sur un dernier paquebot de croisière' le

« Lamoricière » qui, à cause des restrictions de l'époque nous mena à bon port, mettant un peu plus de temps qu'à la normale ; car il fonctionnait au charbon ; où nous pûmes oublier cette affreuse guerre sur cet « îlot intemporel ».

À l'approche de Marseille, force nous fut de constater la similitude entre cette ville et Alger la blanche, destructions en plus. Je préservais ma petite famille dès l'accostage, car la cohue peut être dangereuse sur un bateau, mieux vaut attendre que le « gros » des passagers soit à terre, avant de s'engager. Alors que nous mettions le pied à terre, une main pesa sur mon épaule, je me retournais et…

Marseille

Mon frère était contre moi, embrassades, présentations, émotions, que déjà, une femme nous enlaçait : Laure, ma belle-sœur ! Deux minutes plus tard, nous roulions dans un taxi, jusqu'à une ruelle, appelée allée, au bout de laquelle un portail cachait une belle maison et un jardin.

Aussitôt arrivés, mon frère et sa femme, nous emmenèrent dans notre chambre, qui donnait sur le jardin, un grand lit, Laure avait même prévu un berceau pour petit Paul, une grande armoire et un coin avec lavabo et serviettes, pour nous rafraîchir, de grands volets en espagnolette laissaient filtrer des rayons de soleil, qui n'avaient rien à envier à Alger. Une fois ouverts, surprise : un petit balcon surplombait une végétation bien ordonnée. Une tranquille douceur m'envahit, aussi, après nos ablutions, ce sont deux jeunes parents qui rejoignirent leur famille, bras dessus, bras dessous. La salle à manger est dans une semi-pénombre, fraîche, y trône une lourde table en bois plein, un buffet ancien orne le mur droit, à gauche, une toile représente un nu sublime. La pièce sent l'encaustique jusqu'au sol rougi de falernes hexagonaux, une pièce désuète de bourgeois tranquilles, il y fait doux de vivre !

Nous retrouvons la famille, ma nièce, Ninon, son frère est au service militaire, hélas !

Laure a mis les petits plats dans les grands et nous sert un repas de roi, nous parlons beaucoup, Édouard est en bout de table, il préside, à sa droite, je suis installé, en hôte d'honneur, puis vient ma femme, face à mon frère, Laure préside aussi, ainsi, Aline, est à l'honneur, à sa gauche, est assise ma nièce, juste après les kémias, servies avec l'anisette et les glaçons de l'eau du puits, mon frère a l'air épanoui en chef de famille, il parle beaucoup avec sa toute nouvelle belle – sœur, en fait, le connaissant, je sais qu'il la teste, Laure aussi en parlant cuisine et éducation des enfants, avec beaucoup plus de légèreté, comme dans son salon de coiffure, où elle travaille avec Ninon, de femme à femme, comme elles disent.

En entrée, nous avons les fameux beignets de fleur d'aubergine, accompagnés de la proposition du « patriarche », soit :

— Rester vivre en famille, et, pour moi, aller travailler avec lui pour la société Sipa.

Je regarde ma femme, surpris et ému, elle me sourit, ses yeux brillent, alors, je réponds :

— En qualité de quoi peuvent-ils m'embaucher ?

— Comme moi, à la maintenance, rétorque Édouard, tu as travaillé en quincaillerie, alors, tu t'y connais en réparation de toutes sortes ! Tu feras l'affaire !

— C'est pas certain qu'ils m'embauchent !

— Si, je suis allé voir le chef du personnel, il t'attend !

Les larmes aux yeux, les mercis entre deux trémolos, les embrassades, accompagnent la fin du repas, nous sortons dans le jardin pour fumer, entre hommes, là, Édouard me complimente sur Aline qu'il trouve jolie, et avec une répartie hors du commun, « pour une femme », j'apprécie, mais ne manque pas de faire remarquer à mon frère que son compliment est quelque peu misogyne ! Ce dont il se défend, disant qu'il faut se méfier des femmes trop intelligemment vives.

Nous allions passer quarante-huit heures de joie, de repos, au rythme de la maison fraternelle, avant de commencer notre vie familiale.

Embauche de rêve

Dès le petit matin, j'étais sur le pied de guerre, vers six heures, j'allais à la cuisine, où je préparais bols et café, que j'installais sur la table recouverte d'une nappe à fleurs, en bulgomme. À ce moment, Édouard me tapa sur l'épaule, et d'une voix feutrée, me remercia, puis, suivirent les femmes de la famille, Laure, prit les choses en main et nous concocta un petit-déjeuner royal : crêpes, tartines beurrées, confitures maison, l'ambiance était chaleureuse, enjouée, lorsqu'Aline nous a rejoints avec Paulo dans les bras, déjà repu, sa tête dodelinait contre sa poitrine, mes entrailles se tordaient en faisant des nœuds, le trac !

Enfin, le supplice prit fin, lorsque mon frère enfila une veste légère, signe du départ pour l'usine. Une fois assis dans le tramway, je me tordais les doigts, angoissé, mon aîné me calma par ses paroles encourageantes, puis par ses histoires marseillaises, avec cet accent qui ne devait rien à celui qui collait aux Basques des pieds noirs, mais qui me faisait rire.

Lorsqu'enfin, le contremaître me reçut, un blondinet à grosse moustache, je déballais mon certificat de travail avec une pointe de nostalgie, car madame la directrice avait vanté mon professionnalisme et ma bonne éducation, retenant ma ponctualité, celui que tous surnommaient « Jeannot » me rassura en me demandant d'arriver le lendemain avec Édouard, soulignant qu'il me fallait un bleu de travail, il m'embauchait comme agent d'entretien ! Je lui serrais la main avec gratitude, puis, rejoignais mon frère à l'empaquetage des pâtes, il me présenta à tous les collègues et me recommanda de rejoindre ma petite famille pour l'achat du vêtement professionnel.

Soulagé ? Après l'avoir remercié pour ses bontés, je partais en sens inverse, joyeusement. Le soir venu, j'ai préparé un dîner composé d'une ratatouille maison, avec un cœur de veau à la napolitaine, après, j'ai monté une immense glace italienne avec de la crème battue, relevée des cerises du jardin.

Hormis les rafles et bombardements, nous vivons heureux. J'étais bien intégré parmi mes collègues, une ambiance amicale régnait, la guerre nous unissait, hélas ! Aline passait son temps entre son rôle de « maman », des petits plats qu'elle nous concoctait, ses séances au salon de coiffure de Laure, et nos moments d'intimité, je la savais à l'abri, donc, j'étais tranquille. Jusqu'au jour où, ma femme, toute rose, vint vers moi pour m'annoncer que son ventre était en joie, elle portait un second bébé ! nous étions en décembre, je n'avais rien vu venir, le train-train, si doux me portait hormis les ombres des bombardements et des rafles immondes, tant et si bien que nous vivions au jour le jour, collés les uns aux autres, fraternellement, je fus agréablement surpris, je dis :

— Ha, le choix du roi montre son petit pied ! alors, je me ruais vers notre belle- sœur, qui ne me parut pas si surprise que cela ! (Cachotteries féminines.), mon frère me donna une tape dans le dos, murmurant ses félicitations, le dîner fut un dîner festif, chacun donnait un prénom, bien sûr, féminin, jusqu'au moment où Aline nous stupéfia en disant qu'elle mettrait un garçon, au monde, encore cette fois, elle ne s'était pas trompée pour notre aîné, aussi, je lui faisais confiance ! Alors la valse des prénoms reprit de plus belle, au masculin, cette fois ! Rien n'avait grâce aux yeux de ma femme, elle décida de nous confier son choix, très vite, mais très vite, elle cacha son secret, déviant la conversation sur le gros problème de la layette, ou de sa dernière visite à son gynécologue… cela n'en finissait plus, moi je laissais faire et dire, amusé, puisque nous saurions le jour « J ».

Le jour « j » Raymond-Édouard

Branle-bas de combat, il est cinq heures du matin, Aline se tord près de moi, ses yeux supplient ! Nous sommes le samedi douze août mille neuf cent quarante, il fait déjà très chaud, je la rassure, puis me précipite vers la chambre « patriarcale » d'où sort mon frère, il me regarde et dit : « Descendez à la voiture, je vous conduis dans deux secondes, avec un grand sourire amusé. »

Le temps de prendre les bagages, Aline accrochée au lavabo, tordue en deux, toujours habillée, pomponnée, elle s'encorde à mon bras, lentement, j'emporte mon précieux fardeau vers la voiture, où mon frère nous attend déjà.

Direction la maternité « la Conception » où est suivie ma femme.

En temps normal, il faut compter environ trente minutes pour y parvenir, mais, ce matin, Édouard, nous y mène en bien des minutes de moins, car Aline a avoué avoir perdu les eaux, en m'attendant, l'enfant ne tarderait pas à poindre !

En effet, dès notre arrivée, la sage-femme qui ausculte la future maman, nous gronde d'avoir tant attendu, l'enfant arrive, aussi, elle nous enlève Aline, nous laissant pantois.

Une petite heure après, elle revient nous demander qui est le « père », je saute sur mes pieds, me redresse fièrement, alors, la femme me félicite, je demande à voir ma femme, ce qui m'est accordé, pénétrant dans une chambre toute blanche, stores tirés, mon épouse dans un petit lit, sourit aux anges, et m'annonce, que nous avons un superbe petit garçon nommé « Raymond », il est beau comme son frère aîné, d'ailleurs, arrive le petit prince, qui s'époumone dans le berceau, de tout près, je l'examine, il me ressemble plus que son frère !

Je fais un baiser à ma petite famille, pour laisser ma place au tonton qui attend, ce qui permet à la maman de m'annoncer :

— Raymond aura en second prénom : Édouard, comme mon père et ton frère ! Je rayonne, c'est attendrissant ce détail de reconnaissance familial, lorsque mon frère me rejoint, il est tout chose, et me bouscule pour rentrer au nid.

Bien sûr, toute la maisonnée est sur le pied de guerre, même le grand frère !

Et, bien sûr, les questions pleuvent, « avé l'accent (entendez : açent) !

C'est mon frère qui répond, fier, le prénom, le poids, la taille : un VRAI GOMILA ! la joie est à son comble lorsque mon aîné verse un pleur en annonçant le double prénom de mon fils ! les femmes tremblent encore des informations reçues par les voisins, et le bruit infernal des bombardements sur le vieux port et alentour, mais, malgré cette guerre immonde, nous festoyons et nous réjouissons de ma toute nouvelle double paternité, en louant le ciel pour cette petite maman, restée avec « Ray », hé oui, il est déjà surnommé ! qui me fait de si beaux garçons, Paul dort dans les bras de sa tante, heureux de cette réunion parentale qui se le passe de bras en bras, le berce, le cajole. Bien vite, le calme et le sérieux refont surface, lorsque grondent les bombardements, accompagnés des cris d'horreur des victimes, la peur au ventre, nous descendons tous à la cave, nous protéger, serrés les uns contre les autres, je pleure sur ces morts et blessés du premier juin, qui rendirent l'âme : trente-deux morts, une soixantaine de blessés, hommes, femmes et enfants ! Je pleure, j'ai peur pour mes petits ! nous n'avions pas prévu ces horreurs lors de nos épousailles !

Victor Hugo a dit :

« Depuis six mille ans, la guerre plaît aux peuples querelleurs, et Dieu perd son temps à faire les étoiles et les fleurs. »

Descente aux enfers

Le traintrain nous berce doucement, nos fils grandissent, ils sont beaux, attendrissants, ils sont le centre de la cible familiale, la joie de mes retours du travail, je les prends contre moi, après avoir passé un marcel propre, je joue avec eux, les chatouille, leur maman me gronde :

— Charles, tu les énerves, ils vont être intenables pour manger et aller au lit ! Elle a raison, mais c'est plus fort que moi, les sentir, leur innocence, leur joie de vivre, me transporte, en ces temps lugubres ! Et puis, ils sont de nous ! Aline s'ennuie un peu, malgré les enfants et le ménage de la maison, qu'elle offre de bonne grâce, en contrepartie de notre hébergement, un mois après son accouchement, elle est déjà dans le salon de coiffure, avec Laure et Ninon, elle passe les rouleaux, tient la caisse, les rendez-vous, elle s'épanouit, elle est belle, si la guerre ne nous broyait pas le cœur, nous serions au paradis ! De plus, partout, des affiches de propagande pour le « STO » nous angoissent, car nous tombons ; Aline et moi ; pile dans l'âge requis pour les départs en Allemagne ! Les reportages à ce sujet, envahissent les cinémas, pour cacher la misère de ceux qui sont forcés de partir :

- Les beaux mensonges foisonnent, certains croient les messages propagés partout : le fait d'aller servir de main-d'œuvre à l'occupant, dont les jeunes travaillent au front, en contrepartie, nous délivrons un prisonnier, pour trois travailleurs français.

- Balivernes ! Tout est orchestré de Vichy, où le maréchal Pétain est asservi aux nazis, il conserve la zone libre, sous un régime dictatorial, régime politique de collaboration avec le troisième Reich par les arrestations de résistants, francs-maçons, ecclésiastes catholiques, juifs et opposants politiques communistes, par des extractions meurtrières, la honte nous englue et nous tétanise de peur !

Nous vivons en un microcosme, notre refuge est la maison d'Édouard, partout, sur les murs des usines, fleurissent des listes de noms, ces noms portés par les jeunes né en mille neuf cent vingt ou très proche, ceux qui ne se sont pas encore manifestés auprès des bureaux de déportation allemands, ceux donc qui vont être réquisitionnés jusque sur leur lieu de travail.

Noël arrive, la joie règne, malgré tout, dans nos cœurs, ce sont ces petits bonheurs qui nous permettent de tenir ! Nous fêtons le Premier de l'an avec l'espoir que l'année nouvelle va nous offrir la paix, le retour vers notre Algérie, vers les parents laissés à contrecœur, derrière nous !

L'enfer

Reprise du travail, la guerre est toujours présente, mes fils grandissent, la famille est de plus en plus unie, jusqu'au vendredi vingt-deux janvier, où, rentrant une heure plus tôt, à cause d'une de mes migraines récurrentes, je monte me coucher, le pas de la chambre passé, une scène me sidère, en effet, le lit est un vrai champ de bataille, les draps ondulent comme si un python olive, ce prédateur, tentait de compresser une proie afin de l'avaler à travers ses ligamenteuses mâchoires ouvertes sur sa gueule béante, le tout entrecoupé par des pauses, mon mal de crâne me faisait halluciner, je ne délirais plus lorsqu'une plainte s'échappa de cet amas informe de tissus, et que mon fils cadet se mit à pleurer, alors que je le prenais contre moi, un bras d'albâtre sortit du lit, d'où une main humaine et poilue la rattrapait, à ce moment, le cœur me serra si fort, que je dus m'asseoir sur la seule chaise qui était près de la porte, puis, je calmais ma fureur, et c'est d'une voix glaciale que j'ordonnais : « Aline, habille-toi et sors de là, quant à toi, tu cours dehors à poil ! » mais alors là, très vite !

C'est une femme en pleurs qui, une fois sa robe enfilée, s'accrocha à moi, suppliante, jurant son intégrité… la colère et la peine me rendaient sourd.

Confidences mortelles

Tempes battantes, je fis chemin arrière, rejoignant Édouard à la sortie de l'usine, il m'ouvrit ses bras, en voyant mon visage où les nerfs faisaient jouer les muscles et ruisseler mes yeux, sans un mot, il m'entraîna vers un érable, où je m'appuyais, puis, je me laissais glisser à terre la tête dans les bras, secoué de sanglots, à ce moment, mon frère parla, des mots terribles sortaient de ses lèvres :

— Charles, tu es un homme, ne t'abaisse pas à son niveau ! lève la tête ! j'ai tenté de te prévenir, mais tu ne voulais pas voire ! Avec tout le respect que je te dois, ta femme est connue pour être légère, ici, tu ne perds rien !

À ces mots, je sautais sur mes pieds, attrapant mon frère au col, je le poussais contre une grille, j'allais lui envoyer mon poing dans la figure lorsqu'un ami et collègue m'en empêcha. Puis me dit :

— Petit, écoute la voix de la raison, la vérité, ton frère ne voulait pas te brusquer, mais ne te laisse pas marcher dessus, ta femme, elle court le guilledou, vous êtes bien jeunes tous les deux, trop jeunes pour enterrer vos plus belles années en couple ! allez, va, embrasse ton sang et détourne tes yeux de la bave des limaces !

C'en était trop ! ces paroles me remémorèrent les paroles d'Édouard, le premier soir, après dîner, ainsi que les « sous-entendus » des collègues, que je croyais mus par la jalousie, hélas, je perdais pied, rouge de honte et de colère, je demandais pardon à mon frère, qui m'entraîna chez Riton, boire le verre de la réconciliation, c'est en buvant mon second café que j'avouais n'avoir pas le courage d'affronter la vue d'Aline, Édouard me tenant par les épaules, me conseilla de faire face à cette situation, si pénible fut elle, pour les petits, il fallait parler, comprendre ce qui avait créé cette infortune et décider de la suite à donner à ce qui venait de se passer. Me laissant guider par la raison, j'accompagnais mon frère jusqu'à la maison où le silence nous accueillit, je montais vers ma chambre, enfilant quatre à quatre les escaliers, la peur de ne pas y trouver mes fils me bousculant le ventre, serrant mes tempes, arrivant devant les lits vides, la porte d'entrée s'ouvrit dans de grands éclats de rire de mes petits, je me remis à pleurer « de joie » cette fois, ne plus les voir ou les entendre me tuait !

Mon aîné monta derrière ma femme, ouvrant la porte, il siffla : « Expliquez-vous en adultes tous les deux, je ne veux pas avoir à intégrer les forces de l'ordre dans nos affaires familiales, je m'occupe des enfants ! »

Une fois seuls, Aline se tord les mains et me supplie à genoux de la croire, l'homme la poursuit de ses assiduités depuis longtemps, il la terrorise en la faisant chanter : soit elle lui offre ce qu'il attend, soit, il nous donne à la Gestapo. Je la relève de terre, l'amour est aveugle, je veux la croire pour nous tous, elle sait si bien y faire, que nous redescendons main dans la main, vers Édouard, il ne bronche pas, même pas étonné, il nous tend Raymond qui gazouille contre lui, puis emplit trois tasses de vrai café (hé oui, du marché noir), lorsque nous sommes assis il murmure : « Pour la tranquillité de notre famille, il serait judicieux que vous habitiez l'appartement d'un ami, rue Victor Hugo, c'est calme, et vous pourrez toujours venir ici, en cas de besoin, mais vous devez faire vos preuves parentales à deux, ne m'en veuillez pas, je désire que notre nom soit porté comme un étendard, pas comme une serpillière. »

À ces mots, Aline se lève comme un ressort, le menton haut, elle monte l'escalier quatre à quatre, je présente mes excuses à mon frère qui me glisse l'adresse de son ami, je suis malheureux, mais mon cœur, écartelé, me fait suivre ma compagne, nous réunissons nos vêtements dans nos bagages, je tente d'assagir la colère d'Aline pour partir en bonne entente, rien n'y fait !

Nous descendons les petits, Édouard les installe sur la banquette arrière de sa voiture, où est assise Aline, il démarre lorsque je monte près de lui, il fera un second aller-retour, pour nous amener un matelas et deux petits lits, car l'appartement est vide. Il nous dépose des denrées et un couscous vers vingt heures.

Le lendemain, il m'aide à récupérer des palettes en bois, que je vais clouer et peindre afin d'en faire des socles pour les lits, et une table, autour de laquelle nous disposons des coussins en guise de sièges.

Ma femme a œuvré pour sa paroisse, comme on dit, aussi, je me suis laissé prendre dans la toile que ma belle araignée a tissé sans scrupules.

Nous arrivons au vingt-quatre janvier, dans le quartier nord, vers le vieux port tout est cerné par la police, juifs, résistants, les jeunes de vingt ans, tous ceux-là sont cantonnés vers des camions bâchés, prêts à démarrer vers les camps nazis, en rentrant chez moi, je louvoie dans les rues, aux aguets, afin de ne pas me faire repérer moi aussi. À partir de ce moment, je ne vis plus !

Petit à petit, les collègues nous fournissent des meubles, du linge, des couvertures, nous vivons en reclus, sauf quelques rares dimanches où nous allons passer la journée impasse Larrat, dans le jardin, les enfants se salissent allègrement, tandis que nous papotons entre nous, tout en gardant un œil sur nos chenapans. L'été nous fait oublier les horreurs de la guerre, et les nuages noirs qui s'amoncellent au-dessus de ma tête : j'ai l'âge de tous ces jeunes nés en mille neuf cent vingt, qui sont enrôlés de force pour travailler en Allemagne !

Bon gré, mal gré, je vais à l'usine chaque matin, je suis sur le qui-vive, doublement, en effet, chez nous, Aline fait des miracles pour nous offrir des repas équilibrés et délicieux, avec le peu qu'elle achète en coupons de rationnement. Un samedi, alors que nous nous promenons, dans le but de repérer des cadeaux pour Noël, qui arrive à grands pas, je m'aperçois ; en regardant dans les vitrines ; qu'un homme nous file depuis un bout de temps, suis-je paranoïaque ? Il me semble reconnaître l'homme qui a violenté ma femme, au détour d'une rue, je reste sous un porche, laissant aller ma petite famille, très vite, je vois le type, qui se conduit d'une façon étrange, courir, rattraper Aline, et la plaquer au mur pour l'embrasser goulûment, je vois rouge, je le plaque à mon tour contre le salpêtre de l'immeuble, la chance est avec lui, à ce moment, une simca huit noire, automobile généralement utilisée par les Allemands, arrive vers nous, il rit, je le lâche, non sans lui avoir intimé l'ordre d'oublier ma femme, sinon, la menace fut nette au sujet de ces attributs virils qu'il risquait de perdre un soir sans lune.

Les fêtes se firent joyeuses, chez Édouard, notre neveu, Antoine avait même réussi à obtenir une permission de rentrer, mes fils étaient excités comme des puces, car autorisés à réveillonner, nos jouets vivants passaient de bras en bras, couverts de baisers, on était bien.

Puis, la vie reprit avec les massacres, les peurs, les cris, le sang, mais la France tenait bon !

Le peuple s'essoufflait, nous espérions la paix, le renouveau des jours heureux, février avançait, bientôt l'heure de mes vingt-trois ans sonnerait, j'avais surpris des rires et des messes basses entre Laure et Aline, me laissant supposer une fête, mais ce n'était pas ce que je pensais qui m'était réservé : le premier avril, en guise de poisson, ma femme me fit parvenir une carte à mon travail : un dessin représentant deux cœurs, au-dessus d'un berceau rose et des points d'interrogation.

Oui, notre troisième enfant poussait dans le ventre de sa maman, nous étions heureux tout en tremblant pour lui. Cette fois encore, Aline était certaine de porter un fils, tout en espérant une fille.

Une fois la grossesse annoncée, Édouard se fit magnanime et proposa d'attendre l'heureux évènement tous ensemble, dans la maison, cela me rassura, malgré Aline qui reculait devant le chemin que prenait son état, par dignité, pensais-je, aussi, je sus la convaincre, pour la sécurité de nos deux fils, et de notre bien être à tous. Elle capitula, nous réemménageâmes avec la famille.

Les mois d'étés furent festifs, car la maison était fraîche, Aline avait retrouvé le gynécologue qui l'avait suivie pour Raymond, et tout se passa aussi bien que pour les deux bambini premiers-nés.

Robert

Notre Roby, fut celui qui me ressemblait le plus, déjà à la naissance, une touffe de cheveux noir bleuté, ornait son crâne, Aline, comme pour ses frères, choisit les prénoms dans ceux de la famille côté maternel, elle accola Jean et Louis oncles décédés, protecteurs de notre fils.

Le douze novembre, la nichée, bien au chaud, apprit le couvre-feu instauré à Marseille. Nous avions proposé à Édouard de réintégrer notre appartement, mais il n'en fut pas question Laure et lui, nous supplièrent de rester, ce qui me fit chaud au cœur. Les réveillons furent, cette année encore, chaleureux, les copains à l'usine nous gâtèrent, les petits eurent une montagne de jouets avec lesquels ils ne jouèrent pas, la terre et l'eau étaient bien plus attrayantes !

Boulevard Larat

Les jours heureux nous firent penser aux baptêmes de nos fils, car bien que croyants, de famille religieuse, si il n'y avait eu la « bête sanguinaire », tous trois auraient été présentés sur les fonts baptismaux dès leur première semaine à la maison, c'est donc avec joie et rires, que nous étions allés voir le curé de la paroisse, nous étions informés des démarches à suivre, ne restait plus que la décision des parrains et marraines, les dragées à acheter, le repas, tout cela nous fit oublier les grands corbeaux noirs qui survolaient la ville, les garçons grandissaient nous avions bien peu de répit, ils trouvaient chaque jour, une nouvelle bêtise à faire, entre autres, Paul eu idée de mettre ses mains dans l'eau du bac à laver, donnant sur le petit cours d'eau au fond du jardin, où il plongea, tête la première, fort heureusement, Antoine, notre neveu, se précipita et repêcha notre gros gardon, par un pied, quant aux autres bêtises, elles furent moins éprouvantes, nous devions veiller, car les deux derniers avaient trouvé une idée saugrenue pour étancher leur soif : à plat ventre, ils lapaient l'eau du caniveau.

Les coquelicots

Vint le jour décisif où mon nom fut accolé aux autres, sur l'affiche placardée sur la porte de l'usine ! Édouard arracha la liste, d'un geste rageur, mais j'avais eu le temps de voir ! J'attendais l'heure libératrice, pour parler de ce « vol de gerfauts » (José Maria de Heredia) ces mots se gravaient en lettres rouges dans mon cerveau !

Lorsque nous marchions pour rejoindre la maison, j'annonçais à mon frère que j'allais me rendre aux Allemands pour éviter qu'ils s'en prennent à notre famille et avant qu'ils viennent me déloger, au travail. Édouard, d'une main, me serra le biceps droit, comme un brassard de chair humaine, et me poussant dans le coin d'une porte cochère, il feula, tout près de mon visage :

— Je te l'interdis ! tu vas venir avec moi, dans le maquis !

J'eus beau lui expliquer que ça risquait de mettre le reste de la famille en péril, il ne voulait pas entendre !

Mes idées étaient sombres, je devais en parler à Aline, aussi, je traînais des pieds, pour ralentir le moment fatidique. Je m'adossais à la porte, avant de rentrer, puis, je passais le seuil, avec un sourire de clown blanc, la soirée passa, lente, les minutes s'égrenaient, lugubres, au cadran de ma montre, je donnais le change, jusqu'au coucher de nos fils, après une toilette rapide, je m'allongeais près de ma femme, c'est avec des trémolos dans la voix, que j'annonçais la terrible nouvelle, Aline se tourna vers la porte en murmurant :

— Non, pas toi ! je la retournais vers moi pour lui expliquer mon refus du maquis, elle acquiesça en disant, on fera comme tu veux, tu as raison, pour les petits !

La nuit fut atroce, au petit matin de ce mardi vingt-six janvier, alors que ma nichée dormait encore, je sortais, prenant le chemin de l'office de placement, qui se trouvait dans une villa du boulevard Perrier J'entrais droit et, on m'introduisit dans un bureau austère, un Allemand me fit asseoir, mais je restais debout, la propagande me fut resservie, je serrais mes poings dans mes poches, enfin, le sous-fifre me questionna, je dus mentir convenablement, car il m'introduisit dans un couloir où l'on avait installé des boxes il me fit comprendre que je devais me déshabiller. Après une visite médicale sommaire, devant un médecin de pacotille, on me demanda encore une fois si je voulais vraiment aller travailler en Allemagne, je confirmais d'un ton dégagé, alors le zigoto me donna rendez-vous pour le lendemain, pour mon passeport, fourni par lui, à vitesse expresse.

Je ressortais de la « Kommandantur » hébétée, les oreilles rouges, je pressais le pas pour acheter une grosse brioche, chez le boulanger à côté (il devait savoir ce pourquoi les pauvres gars comme moi, étaient allé faire dans ce lieu, car il me donna ma brioche plus des croissants, refusant mes tickets de rationnement. Je me précipitais chez moi, où Aline et les enfants me firent fête, je les regardais manger, les yeux secs comme un oasien, pupilles brûlées par trop de soleil, puis, après d'étouffantes embrassades, je rejoignais Édouard, au tramway. Sans un mot, il comprit, me serra dans ses bras, et je me retrouvais devant la société Sipa avec l'épaule et le plastron de ma chemise, trempés.

Après le travail, mon frère me demanda si Aline était au courant, et qu'elle pouvait compter sur lui dans tous les cas, ce qui me rassura.

Je taisais mon départ, de peur de manquer de courage, aussi, je taisais ma démarche à ma femme, qui, me semblait-il, avait compris.

Le lendemain matin, je refis le même trajet que la veille, j'étais attendu, c'est pourquoi je me retrouvais devant le fridolin de la veille, il m'annonça dans son français guttural qu'il était heureux de me donner mon passeport, et qu'il m'avait réservé une place dans le train du lendemain, pour l'Allemagne, cérémonieusement, je le remerciais, il prit le temps de me féliciter pour ce geste altruiste, et un an passerait tellement vite, dans son beau pays ! Sans oublier de me rappeler que ma famille recevrait la moitié de ma paie actuelle, pour mes services (ce qui ne ferait guère lourd, vu l'état actuel des finances de la société de pâtes SIPA). Je le remerciais, les doigts croisés dans mon dos.

C'est le cœur lourd, et les larmes diluviennes, que je repartais chez nous, au quartier de la « Belle de mai », nom donné suite aux qualifications de la plus jolie fille, chaque printemps, en cet endroit, où tout était bon pour faire la fête.

Lorsque je rentrais, ma femme me dit : « C'est pour quand ? » Elle gardait la tête haute, et me conduisit devant le lavabo, où elle essuya mes yeux avec un gant de toilette froid, puis me mit notre Raymond dans les bras, je le humais, l'embrassais pour les deux autres, passant sa main sur mon visage, il dit : « Papa chaud ? » Je mentais : « Oui, papa a très chaud ! » En fait, j'étais glacé !

Je me secouais, et rendant un dernier bisou à mes trois fils, je demandais à Aline de me faire un baluchon. Sans autre parole, je repartais vers mon devoir, à l'usine.

À la sortie du travail, je rentrais avec Édouard, en traînant des pieds, ce qu'il remarqua, je dus me confesser de suite, malgré son visage ravagé par le malheur, je lui glissais : « Demain matin, prends soin d'eux, pour moi, pardon ! » Et je me sauvais vers ma petite famille. C'est abattu et grelottant de peine que je les aimais avec les yeux, de peur de les aimer trop avec le cœur, qui risquait d'éclater ! Cette veillée fut funèbre, la nuit nous enlaça d'amour et de pleurs, au petit matin, encore une fois, mes chaussures me conduisirent vers le lieu du rendez-vous, devant cette satanée villa réquisitionnée par ces animaux kaki caca. Je ne risquais pas de le rater, autour d'un camion deux centaines de jeunes, comme moi, l'air perdu, ou riant jaune, attendaient.

Vers le futur

La guerre a bonne mémoire et tue parfois ceux qu'elle a ratés sur les champs de bataille.

M. Lavoine

On part Dieu sait pour où ça tient du mauvais rêve
On glissera le long de la ligne de feu.
Quelque part ça commence à n'être plus du jeu.
Les bonshommes là-bas attendent la relève
Roule au loin, roule train des dernières lueurs.
Les soldats assoupis que ta danse secoue
Laissent pencher leur front et fléchissent le cou.
Cela sent le tabac, l'haleine la sueur.

Aragon

Quand un « Vert-de-gris » fit l'appel, un silence de mort tomba sur notre groupe, les portes arrière s'ouvrirent, deux « fridolins » nous aidèrent à monter, on arriva à la gare lorsque le soleil pointait, on avait commencé à se connaître, serrés comme des harengs en caque, la promiscuité voulut qu'on se fasse nos premiers amis de galère à ce moment. Puis, la gare que j'aimais tant avant ce jour affreux se découpa, tout en haut des marches, sur un ciel bleu-gris, elle était grise couleur malheur. Nous n'avions aucun bagage lourd, hormis nos familles, nos amours laissés derrière, ils nous suivaient, telles des ombres à controverse, les « autres » nous hurlaient des phrases que nous ne comprenions pas, mais le ton nous invitait à nous presser !

Les bombardements ne cessaient pas, la gare fut épargnée, la « Belle de Mai » et alentour éclatèrent à sa place.

Nous étions mélangés aux déportés par les rafles, je pleurais avec les amis sur les femmes à qui on arrachait leurs petits des bras, les hommes livides, les vieillards courbés vers la terre, déjà à demi morts, d'autres copains, un peu légers riaient, chantaient, contents d'aller délivrer nos prisonniers, ils ne voulaient pas voir la réalité, on leur laissait leur crédulité, par pitié.

Arriva un wagon à bestiaux dans lequel on nous poussa à coup de fusil, au bout d'une heure, la majorité d'entre nous était assise au sol, sur de la paille où s'étalaient les besoins naturels de nos prédécesseurs.

Les pauvres crédules commençaient à avoir peur. Aussi, ceux qui s'étaient munis de vivres, déballèrent sandwichs, jambons, saucissons, fruits et gâteaux, jusqu'à Philibert qui sorti son pot de confiture à qui nous fîmes un sort avec nos doigts. Puis, les chants, les blagues nous menèrent dans une petite gare grise, froide où on nous invita à sortir, puis à nous entasser dans un camion, à coup de crosse.

C'est ainsi que nous sommes arrivés à Karpfenberg Steiermak tard, le soir, anxieux, ne connaissant pas la langue, hormis les mots brutaux appris à coup de carabines : rauf, steig aus, geh schnellschweinegleish ou schwein : les insultes.

On arrivait au camp de Rab lager ventre plein, heureusement, car une fois dépassé les centaines de kilomètres de barbelés entre les miradors, on nous fit descendre, et l'appel nominal nous mena devant la porte de notre barak36/2, et de baraque, elle avait tout l'air d'un assemblage de lattes de bois pourries, à l'intérieur, des paillasses posées sur des plaques de bois, ou des portes dégondées. Pas de draps, je sortais deux pulls de mon baluchon, ils me serviraient de couverture, pour avoir un semblant de chaleur contre l'air glacial qui passait entre les lattes disjointes des murs.

Enfin, un soldat allemand arriva avec une marmite d'où s'évadait un fumet ténu, de légumes invisibles, oui, pour « tenir » debout et faire leur sale boulot, il nous fallait bien ce jus de chaussette chaud, dans lequel trempaient quelques rares carottes, des feuilles de chou, et des patates !

On nous avait donné à chacun, une gamelle bosselée, je laissais les copains se servir, pour ne pas avaler le chou, par mesure de précaution : la diarrhée en plus de notre état, aurait précipité notre perte !

Quand la nuit fut noire, triste, on se jeta tous sur le pieu qu'on avait choisi, les uns jouaient de l'harmonica, d'autres chantaient doucement, accompagnés par des pleurs, des rires, moi je pensais à ma famille et je m'endormis en larmes.

Le lendemain, une sirène nous tira des bras de Morphée, la porte s'ouvrit à coup de botte, le froid nous enveloppait, les boches hurlaient donc, nous sommes sortis pour moins les entendre, puis l'appel, enfin, un endroit où des robinets déversaient une eau glaciale.

Les « bains » nous virent nus un quart de seconde, très vite, la majorité se rhabillait, on verrait ce soir, j'avais ma petite idée pour me décrasser sans prendre froid. Mais avant, nos gardes nous attendaient pour nous emmener travailler.

Le matin, ça nous réchauffait, l'après-midi, on crevait de chaud sous le soleil autrichien, les chevilles entravées par des fers, la transpiration coulait de nos crânes, que, très vite, nous avions rasés pour éviter les poux, et la crasse dégoulinants des cheveux.

C'est en marcels troués et pantalons retenus par de la corde, que nous enfoncions nos pioches en rythme, dégageant les pierres à la main, soutenant le copain qui trébuchait de fatigue, pour qu'il ne soit pas frappé au sang.

L'idéal était de ralentir l'allure tous ensemble, pour ne pas déverser nos forces à ce labeur sans pitié, mais les autres, épiaient et leurs cravaches claquaient sur nos dos, enfin : nos os, jusqu'au jour où, n'en pouvant plus de leurs agressions, Jean et moi, nous tortillant au sol, nous avons chopé les deux sentinelles et les avons rossés.

Je me passe la scène au ralenti :

Les gars nous félicitent, mais nous supplient de nous évader, tous tapent sur nos chaînes, jusqu'à ce que nous soyons libres, on se congratule, on s'embrasse, on est poussé vers le côté opposé et nous détalons de toutes nos forces, sauf que la relève, attirée par notre vacarme, nous tire comme du gibier ! Mon copain s'écroule avec un cri de bête, je le prends sur mon épaule, puis, c'est à mon tour de hurler : ma jambe est touchée, on se traîne sur le sol tous les deux, un fritz nous rattrape, nous éclate les côtes à coup de talons, leur chef leur ordonne d'arrêter, c'est ainsi qu'on se retrouve étalés sur notre paillasse, hurlant nos maux, la peur au ventre, sur la décision des gars en gris, à notre sujet.

Les amis nous font un mur de protection, des nourrices, ils nous donnent la becquée, changent nos linges ensanglantés, Jacques, le vétérinaire, nous a soignés comme il a pu, il a retiré les balles, désinfecté les plaies, on attend demain, les amis fermiers doivent nous amener de l'aspirine de chez leur copine autrichienne, voir des antibiotiques, avec un peu de chance.

Le temps s'écoulait avec les saisons, moroses, nous espérions la quille, mais au plus loin, nous apercevions juste la fatigue du corps et du cœur.

Plus bas que les enfers

Les seules nouvelles que je reçus furent celles en provenance de la croix rouge, qui m'avait retrouvé le vingt-trois août mille-neuf-cent-quarante-trois, je répondais par l'affirmative à la demande de ladite « Croix-Rouge », à laquelle, j'acceptais de donner mes gages pour subvenir aux besoins de mes fils, en ajoutant donner autorisation à mon frère et son épouse, d'avoir un droit de visite et de superviseurs sur eux.

J'étais anéanti, mes petits, en famille d'accueil ? Et leur maman ?

Lui avait-on fait du mal ? Était-elle vivante ? Je me rongeais les sangs, ce fut ainsi, que le printemps mille-neuf-cent-quarante-cinq, nos tortionnaires nous menèrent à la ville, où nous devions déblayer la boue des rues, amenée par les chars français et américains, la guerre tournait dans notre sens !

Fin de nos persécuteurs

Après, nous avons construit des barricades, « très précaires », pour la protection des Autrichiens, enfin, après le « bouquet final », on nous fit reprendre le chemin à l'envers, et je me retrouvais à la gare d'Orsay le quatre juin mille neuf cent quarante-cinq, avec mes copains de chambrée, sauf le petit Mathurin qui tomba sous les coups des serpents, et quelques gars trop maigres et âgés, qui ne tinrent pas la barre, on s'embrassait, se pleurait, riant et effrayés de l'avenir que nous n'avions pas imaginé !

La Croix-Rouge nous accueilli, nous logea, nous donna des papiers, quelques vêtements, certains retrouvèrent leur famille en attente, d'autres furent hébergés près de chez eux, moi, je n'avais personne à Paris.

Mon obsession était de retrouver mes fils et leur mère.

Dès mon installation dans la chambre d'hôtel qu'on m'avait octroyée, je partis aux bains publics, là je passais trente minutes sous une douche chaude.

Rentrant dans ma chambre, je me jetais sur mon lit, où je m'endormis, deux nuits après, je reprenais mes esprits, douloureusement, qu'allais-je faire, un travail, des sous, puis : retour à Marseille. Très tôt, après un café que l'hôtelier me forçât à avaler, je me rendais au centre de la Croix-Rouge, j'y fus accueilli avec chaleur, une dame me demanda de prendre rendez-vous avec un avocat pour la recherche de ma famille, elle me poussa dehors gentiment, avec un mot d'introduction pour cet homme de robe, parmi ceux qui attendaient leur tour, se trouvait Pierre et Jean, ils se levèrent, et on alla au café du coin, éplucher les petites annonces du journal qu'ils avaient acheté à l'aube.

Jean cherchait une place de boulanger, qu'il trouva immédiatement, moi, je ne savais pas, un travail de force, dans la métallurgie m'aurait plu, à apprendre sur le tas, bien sûr !

Je restais au café bien après Pierre, j'arrivais au bout des propositions quand je trouvais ce que je souhaitais, de plus, à deux rues de mon hôtel ! Je courais chez monsieur Paolo, qui me prit de suite, en connaissant mon passé, et mes origines italiennes.

Le lendemain, je commençais à travailler dans son petit atelier, je soudais à qui mieux mieux, sous son regard bienveillant. Le lendemain, je partais plus tôt, et téléphonais au cabinet de maître D. Benazzoule, j'eus mon rendez-vous en fin de semaine, aussitôt, j'en informais mon patron, qui me promit de me laisser mon après - midi pour régler mes affaires.

Quelle ne fut pas ma surprise lorsque je me retrouvais dans un bureau agréable avec une jeune femme siégeant en bonne place, elle me mit à mon aise en me disant qu'elle se tenait à la disposition des rapatriés de camps, ensuite, elle m'offrit un café en écoutant ma requête, elle trouva bien étrange cette histoire familiale qui me fut découverte par courrier postal, et me promit de tout mettre en œuvre pour retrouver trace de ma famille.

Roule au loin roule train des dernières lueurs
Les soldats assoupis que ta danse secoue
Laissent pencher leur front et fléchissent le cou
Cela sent le tabac la laine et la sueur

Comment vous regarder sans voir vos destinées
Fiancés de la terre et promis des douleurs
La veilleuse vous faite de la couleur des pleurs
Vous bougez vaguement vos jambes condamnées

Aragon

Trou noir Abyssin

Je ne m'attendais pas à ce qui allait m'être révélé par cette femme, la semaine suivante, monsieur Paolo me confia, après, qu'il avait peur de ce genre de secret ! Bref, assis devant cette femme de justice, tout s'écroula lorsqu'elle m'informa, avec mille précautions, qu'elle avait eu les renseignements par la directrice de la croix rouge à Marseille, de la mise en dépôt de mes fils, par Aline le vingt-deux juin mille-neuf-cent-quarante-trois, je pleurais sur notre dernier, en calculant qu'il avait, alors, huit mois ! Quant aux plus grands, ça me fendait le cœur, elle voulait me rejoindre en Allemagne, telle était son excuse, je ne la savais pas si attachée à moi, ou si peureuse pour nos enfants, je restais là, anéanti, aussi, l'avocate me proposa de continuer les recherches, ce que j'acceptais, je ressortais de chez elle, en titubant, ivre de chagrin et de rage.

Au fond de la piscine

Je rejoignais mon patron, il était mon ami, mon père adoptif, il sut dire les mots qu'il fallait, on grignota dans sa cuisine, puis il me raccompagna à l'hôtel, où je passais des heures à ruminer, tant et si bien que, vers minuit, j'appelais Jean. Il me poussa à le rejoindre pour danser au « Balajo » rue de Lappe.

Seule, la danse pouvait me changer les idées noires qui m'envahissaient ! et dont j'ai peur.

- Il est minuit lorsque je passe le seuil de ce night-club, les couples tournent sous les lumières rouges en une valse lente et heureuse seules quelques personnes sont assises, je les regarde étonné, qui sont-ils ? Dans un coin, des jeunes femmes discutent là, un homme boit… Jean me fait signe, je le rejoins, on trinque à notre liberté, il me désigne de la tête, une potentielle danseuse, jolie, discrète, élégante, il me pousse vers elle, étonné, sur les premières notes de la « comparsita » le tango par excellence ! Exprimant :

« Une pensée triste qui se danse. »

J'invite la jeune femme blonde en tailleur bleu ciel, dès les premières mesures, nos pas s'accordent, elle est le tango fait femme ! je ne lâche pas ma cavalière d'une danse, jusqu'aux lueurs de l'aube où elle me dit rentrer chez elle, je souhaite la revoir, nous convenons du samedi à venir, c'est un peu de rose que je m'octroie, sur la grisaille de mes malheurs.

La semaine passe, lente, entre mon patron, qui ne me lâche pas d'une semelle, et Jean, tout pareil. Arrive le jour du couperet, je me rends chez l'avocate, elle m'ouvre elle-même, mes jambes tremblent, son bureau est jonché de papiers avec le tampon de l'Assistance publique de Marseille, que je commence à reconnaître !

Une fois assise, elle me regarde, gênée, et me demande si je veux vraiment savoir, paniqué, mais déterminé à assumer, j'acquiesce, alors, ce que j'entends accompagné des preuves écrites, me laisse un goût de sang dans la gorge :

Aline a laissé les enfants à la Croix-Rouge, sous prétexte d'aller me rejoindre ; or, je ne l'ai jamais vue ! Une question explose : à son retour, la déclaration de départ date du dix juillet mille-neuf-cent-quarante-deux, alors que les petits sont confiés en mille-neuf-cent-quarante-deux ? Erreur d'année ! Preuve du bureau des archives combattants, elle échange avec la directrice de Marseille, s'inquiétant de ses enfants six mois après son arrivée en Autriche, ayant perdu l'adresse de la Croix-Rouge ?

Puis elle déclare rentrer le quinze juillet mille-neuf-cent-quarante-cinq, de Lienz, escortée de son compagnon monsieur Grigneux, dont elle est enceinte.

Je suis atterré ! mon conseil juridique me recommande de demander le divorce, pour récupérer mes fils, et ne pas avoir d'enfants adultérins à assumer. Je la laisse faire, la mort dans l'âme, je traîne ma guenille comme un spectre, je ne revis qu'à travers la danse.

Le samedi soir, après un frugal repas, Jean et moi, rejoignons nos cavalières habituelles, on prend de petites habitudes, la danse, nous a permis de nous évader de ce retour brutal né de notre camp mortel, sous l'insigne du swastika, cette croix gammée dont Hitler se faisait une gloire, et qui, depuis la nuit des temps, représentait, en Asie et d'autres continents, la paix et la chance, autrement inclinée !

Ma cavalière se prénommait Jeannine, jolie comme une fleur discrète, je commençais à lui servir de garde du corps, quand elle rentrait chez elle, j'étais attaché à son extrême gentillesse (elle avait pleuré au récit de ma vie, narrée par petits bouts) elle vivait chez ses grands-parents depuis ses seize mois, elle était orpheline de mère, nos solitudes nous rapprochaient, un dimanche matin, elle se laissa embrasser dans le train. On était bien ensemble, j'attendais la récolte de mon avocate, un peu plus sereinement, j'entrevoyais la possibilité de reconstruire une famille avec Jeannine, autour de mes fils, elle serait une marâtre parfaite !

Affreuse découverte

Car ma première femme était comme un petit oiseau sur la branche : trop tôt épousée, trop tôt maman, je ne lui en voulais plus, sauf d'avoir abandonné nos petits ! mais, je pardonnais.

La vérité arriva au printemps, mon avocate m'annonça, avec précaution, qu'Aline habitait avec son accompagnateur, vers Lyon. Elle la convoqua pour une conciliation, mais, avec le ton qu'elle employa, on sentait qu'elle n'adhérait pas à la cause féminine à travers Aline.

Plusieurs semaines passèrent avant que j'apprenne l'absence de ma femme à notre divorce, mais aussi ses démarches pour récupérer nos trois fils, avec son dernier-né, ça faisait un bon début d'allocations familiales, c'était de bonne guerre, mais que de tristesse pour eux et moi, je me promettais de ne jamais les tenir au courant de ces faits lamentables, et que je supposais venir de leur parâtre, qui, selon les recherches de maître Benazzoule, faisait partie, déjà des connaissances de ma femme, à Marseille.

Pour ces motifs, je gagnais le divorce, mais, contacté par Aline et sa sœur, me suppliant de lui laisser les garçons, je n'eus pas le cœur de leur refuser la garde, surtout pour des enfants si petits !

Malgré ma tristesse, le manque de mes petits, je demandais Jeannine en mariage, après avoir retrouvé le frère de Laure, sur le quai du métro, où il n'osait pas m'aborder, tant j'étais méconnaissable de maigreur, ce fut moi qui l'accostais, il me glissa son avis, et s'en retourna à Marseille, avec toute mon affection pour la famille.

La guerre a bonne mémoire et tue parfois ceux qu'elle a ratés sur les champs de bataille.

Marc Lavoine

Charles est décédé d'une hémorragie cérébrale le dix-neuf septembre mille-neuf-cent-soixante, il avait à peine quarante ans, il était détruit. + Paix à son âme+

« Connaître ses racines familiales et ses origines est une richesse. Savoir trouver et reconstruire les détails du parcours de la vie des générations qui nous sont proches est une qualité justifiant le respect pour nos ancêtres. Cette histoire familiale compliquée est racontée par l'auteur avec une sensibilité et des expressions pleines d'émotions profondes qui accrochent le lecteur jusqu'au dernier mot de la lecture. »

Aneta Pirowska, docteur en kinésithérapie,
auteur et traducteur de revue scientifique

« Au nom du Père », ce titre évoque la croix sur laquelle tout croyant imagine le Christ.

Une génération sacrifiée qui a l'offrande de la déportation, qui a celle des emprisonnements, qui a celle de la résistance, qui a celle du STO.

STO le sigle est lâché : Phénomène caché.

Qui étaient les STO ?

Avec courage, l'auteure nous raconte l'histoire de sa famille, de son père en particulier, qui avait habitude de rentrer à la maison avec une miche de pain sous le bras.

Et voilà que Pétain et l'armée allemande arrivent, ainsi que toutes les lois de mise à mort.

Donc un papa qui part pour le STO.

On invite le lecteur à découvrir la société de cette époque et les destructions familiales qui s'ensuivirent.

Destructions portées par les générations suivantes crucifiées, disparues et mêmes persécutées.

Marie-Hélène Martial, professeur en sciences physiques

Remerciements

Toute ma profonde gratitude va à monsieur le Président Emmanuel. Macron et à son épouse, pour avoir lu et pris position en rapport à ma prière, lors du discours honorifique à nos anciens, pour le quatorze juillet 2021, à Bormes-les-Mimosas, où, pour la première fois, furent cités les mémoires des STO, enfin, leurs mérites furent vantés, reconnus ouvertement.

À mon éditeur et au comité de lecture qui ont fait naître ce livre, les conseillers, relecteurs, imprimeurs, et Distelle !

À mon amie Valérie B. qui m'épaule en tout, et qui veille sur ma santé.

À mes relecteurs :

- J. Claude ;
- M.H Martial ;
- Christian Gomila et son épouse.

À N. Kébé et R. Kébé, mes amis, qui me font office de famille en toute circonstance.

À mes anges gardiens, qui m'ont épaulé et assisté dans mes difficultés, mes doutes, qui ont répondu présent chaque fois que besoin se faisait sentir :

- Valérie et Michel L. R.
- Manu C.
- Marie de Mazan
- Aneta P.

À Marie-Hélène, qui m'a lu, et épaulé dans mon travail.

À Franck, notre bibliothécaire, si cultivé, si altruiste, qui a suivi ce livre.

À Flora, assistante sociale à l'IRMA et madame V. L à la mairie.

À mes auxiliaires de vie : Christina, Sidonie, Milène, Ana et les autres.

À mon fils cadet, instigateur de cette parution.

À mes petits-enfants, sans qui je ne suis plus.

À mon fils aîné, toujours présent, et attentif,

A mon cousin Christian, et son épouse, qui m'ont beaucoup renseigné sur Marseille, et croient en moi.

À mon cousin Antoine, qui m'a expliqué ce qu'il a constaté, avant ma naissance.

À son épouse, Lydia, qui a eu la patience de m'aider sur la vie de notre famille.

À mes frères, qui ont souffert du manque de notre père.

À leurs épouses.

À mes nièces, qui protègent leur famille, ainsi qu'à mes neveux.

Au docteur Boucherit et ses assistants, qui m'ont opéré avec brio, à Villeneuve-Saint-Georges.

À Valérie Berruyer, mon amie, qui m'a sans cesse assistée.

À mes docteurs et kinés du centre IRMA de Valenton, Dr Yayhaoui, Selhami.

À mes kinés et aux ergothérapeutes, si patients et attentifs.

Hugo, Didier, Aneta, Ludo, Jérémi, et les autres.

Kévin, Sandrine, Jean, Xavier, Julie…

À mes infirmières et aides-soignantes, qui m'ont aidé dans ma reconstruction physique et littéraire :

Bergelène.

Océane, Steacy, Liane, Clarisse, Oumi, Élise, Juliette, Endiem, Mélissa, et les autres.

À mes coachs sportifs.

Rudy, Thomas, Yves, Nathan, Nicolas, si présents et stimulants.

À monsieur le professeur Stanislas, qui m'épaule, m'enseigne, me divertit par ses échanges historiques et amicaux.

Aux patients qui ont partagé mon séjour à l'institut R. M. d'Aubigné entre autres : Philippe et Laurent, pour nos parties de molky.

À Stéphanie Louisette et Élisabeth, à l'accueil.

À Bernard qui m'a rendu visite et s'est occupé de mon linge.

À Florian et le service d'entretien.

Au chef de cuisine et ses auxiliaires qui nous ont servi d'excellents menus.

Enfin, merci à mes lecteurs et amis qui m'honorent de leurs précieux commentaires.

Imprimé en Allemagne
Achevé d'imprimer en octobre 2022
Dépôt légal : octobre 2022

Pour

Le Lys Bleu Éditions
40, rue du Louvre
75001 Paris

www.ingramcontent.com/pod-product-compliance
Lightning Source LLC
La Vergne TN
LVHW010554160826
845677LV00013B/3125

* 9 7 9 1 0 3 7 7 7 4 5 3 8 *